Barbara Gottstein-Schramm | Susanne Kalender | Franz Specht
unter Mitarbeit von Barbara Duckstein

Schritte
Übungsgrammatik

Niveau A1–B1

Hueber Verlag

6.	5.	4.			Die letzten Ziffern
2019	18	17	16	15	bezeichnen Zahl und Jahr des Druckes.

Alle Drucke dieser Auflage können, da unverändert, nebeneinander benutzt werden.
1. Auflage
© 2010 Hueber Verlag GmbH & Co. KG, 85737 Ismaning, Deutschland
Zeichnungen: Hueber Verlag/Jörg Saupe, Düsseldorf
Layout und Satz: Gabriele Roth-Schack, Thomas Schack, Ismaning
Lektorat: Marion Kerner, Juliane Wolpert, Hueber Verlag, Ismaning
Druck und Bindung: Firmengruppe APPL, aprinta druck GmbH, Wemding
Printed in Germany
ISBN 978-3-19-301911-0

Art. 530_09940_001_04

Inhalt

5 Verben

11 Wortbildung

Anhang

Lösungsschlüssel

Register

Vorwort

Die Schritte Übungsgrammatik ist für Lernende auf den Niveaustufen A1 bis B1 und deckt alle Grammatikthemen ab, die in den Prüfungen der Niveaustufen A1, A2 und B1 verlangt werden.

Sie ist die ideale Ergänzung für alle Lernenden, die mit „Schritte international" oder „Schritte plus" arbeiten, kann aber auch lehrwerkunabhängig eingesetzt werden.

Die Grammatik eignet sich zum Üben, zum Vertiefen oder Wiederholen von grammatischen Strukturen im Unterricht, kann aber mithilfe des übersichtlichen Lösungsschlüssels auch zum selbstständigen Lernen zu Hause genutzt werden.

Jede Einheit ist als Doppelseite aufgebaut und hat den gleichen transparenten Aufbau:

- Basierend auf einer einprägsamen und unterhaltsamen Einstiegssituation werden auf der linken Seite die Strukturen und Regeln in einfacher Sprache zusammengefasst.

- Auf der rechten Seite sind die dazugehörigen Übungen mit einem vielfältigen Übungsangebot.

- Die Übungen sind nach Niveaustufen gekennzeichnet und eignen sich somit sowohl für Anfänger als auch für Lernende auf B1-Niveau.

Das transparente Inhaltsverzeichnis und das ausführliche Register am Ende des Buches helfen beim schnellen und gezielten Auffinden von Themen und Strukturen.

Für Lerner, die rasch nach Formen suchen, sind die nützlichen Listen im Anhang ideal. Dort findet man eine Übersicht über die unregelmäßigen Verben, die Verben mit Dativ-Ergänzung sowie eine Liste der Verben mit Präpositionen.

Viel Spaß und Erfolg beim Lehren und Lernen wünschen Ihnen

Autoren und Verlag

der Buchstabe

das Wort

die Sprache

Nomen haben ein Genus. Es gibt maskuline *(der)*, neutrale *(das)* und feminine *(die)* Nomen. Lernen Sie das Genus beim Nomen immer mit, denn es gibt nur wenige Regeln.

	einige Regeln	
maskulin der	Berufe	der Mechaniker, der Arzt, der Student, …
	Monate	der Dezember, der Januar, …
	Jahreszeiten	der Frühling, der Sommer, …
	Tage	der Dienstag, der Freitag, …
	Himmelsrichtungen	der Norden, der Süden, …
	-ling	der Liebling, der Lehrling, …
	-ismus	der Hinduismus, …
neutral das	Nomen aus Infinitiven (lesen → das Lesen)	das Lesen, das Schreiben, …
	-chen	das Mädchen, das Brötchen, …
feminin die	*-in*: Berufe	die Mechanikerin, die Ärztin, die Studentin, …
	-ei	die Bäckerei, die Metzgerei, …
	-ion	die Organisation, die Situation, …
	-heit	die Gesundheit, die Krankheit, …
	-keit	die Möglichkeit, die Geschwindigkeit, …
	-schaft	die Landschaft, die Freundschaft, …
	-ung	die Meinung, die Anmeldung, …
	-ur	die Tastatur, die Kultur, …

Das richtige Genus finden Sie in Wörterbüchern, z.B. im *Hueber Wörterbuch Deutsch als Fremdsprache*:

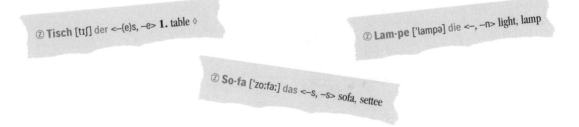

② **Tisch** [tɪʃ] der <–(e)s, –e> **1.** table ◇

② **Lam·pe** ['lampə] die <–, –n> light, lamp

② **So·fa** ['zoːfaː] das <–s, –s> sofa, settee

In anderen Wörterbüchern steht oft m, n oder f: m = der, n = das, f = die

A1 **1** **Berufe. Finden Sie die Berufe und ergänzen Sie die weibliche Form.**

P	S	T	Z	A	U	K	O	P	L	M	U	N	R	F
O	T	V	E	R	K	Ä	U	F	E	R	R	R	R	A
L	E	T	I	Z	B	W	Q	F	Y	G	J	V	K	H
I	H	K	L	T	X	O	S	A	V	B	S	C	N	R
Z	C	D	E	I	A	C	S	T	F	A	N	L	E	E
I	E	L	E	H	R	E	R	T	I	N	R	N	I	R
S	L	Ö	N	S	W	R	I	U	M	X	A	E	O	S
T	Y	P	R	O	G	R	A	M	M	I	E	R	E	R

der *Arzt*   die *Ärztin*
der Polizist   die Polizistin
der Verkäufer   die Verkäuferin
der Fahrer   die Fahrerin
der Programmierer   die Programmiererin
der Lehrer   die Lehrerin

A2 **2** **Regeln verstehen. Finden Sie die Wörter im Silbenrätsel. Ergänzen Sie den Artikel.**

chen ● Lehr ● Hei ● heit ● keit ● Freund ● Krank ● Tou ● li ● lich ● ling ● ris ●
Päck ● Mög ● Po ● Por ● Kul ● tion ● mus ● schaft ● tur ● zei ● zung

a	-chen	das Päckchen	**f**	-keit	die Möglichkeit
b	-ei	die Polizei	**g**	-ion	die Portion
c	-ling	der Lehrling	**h**	-ung	die Heizung
d	-heit	die Krankheit	**i**	-ur	die Kultur
e	-ismus	der Tourismus	**j**	-schaft	die Freundschaft

A2 **3** ***der, das* oder *die*? Ergänzen Sie.**

Dezember ● Optimismus ● Winter ● Ausbildung ● Musiker ● Westen ● Fernsehen ●
Juli ● Süden ● Freitag ● Würstchen ● März ● Herbst ● Elektriker ● Ausstellung ●
Schüler ● Schwesterchen ● Essen ● Pension ● Zwilling ● Lösung ● Reparatur

der	das	die
Dezember, ...		

A2 **4** **Bunte Mischung: *der, das* oder *die*? Ordnen Sie zu.**

Morgen, – (m.)   **Obst** (n.)   **Sonne,** -n (f.)

der	das	die

Küche ● Gemüse ● Nachmittag ●
Abend ● Nacht ● Wetter ● Frau ●
Regen ● Sonne ● Schnee ● Obst ●
Morgen ● Kind ● Nebel ● Ei ●
Mädchen ● Bäckerei ● Anmeldung

der Fisch, die Fische

der Fisch	die Fische	das Auto	die Autos

Nomen haben im Plural bestimmte Artikelformen (*die/−*) und unterschiedliche Endungen.

Definiter Artikel

Singular: *der, das, die*		Plural: *die*
der Fisch		Fische
das Auto	die	Autos
die Stadt		Städte

Indefiniter Artikel

Singular: *ein, eine*		Plural: −
ein Fisch		Fische
ein Auto	−	Autos
eine Stadt		Städte

Endungen

		Singular	→	Plural
1.	¨	Apfel	→	Äpfel
2.	¨e	Arzt	→	Ärzte
3.	−er	Kind	→	Kinder
4.	¨er	Fahrrad	→	Fahrräder
5.	−e	Brot	→	Brote

		Singular	→	Plural
6.	−(e)n	Tomate	→	Tomaten
7.	−	Brötchen	→	Brötchen
8.	−s	Joghurt	→	Joghurts
9.	−nen	Studentin	→	Studentinnen
10.	−se	Ereignis	→	Ereignisse

Lernen Sie den Plural immer mit! So finden Sie ihn im Wörterbuch:

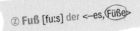

② **Fuß** [fu:s] der <−es, Füße>

② **Na·se** ['na:zə] die <−, −n>

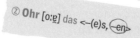

② **Ohr** [o:ɐ̯] das <−(e)s, −en>

⚠ Manche Wörter haben **keinen Plural:**
das Obst, das Gemüse, die Milch,
die Butter, das Fleisch, ...

⚠ Manche Wörter haben **keinen Singular:**
die Eltern, die Geschwister, die Leute,
die Ferien, ...

⚠ Fremdwörter haben manchmal eine besondere Pluralform:

das Praktikum	→	die Praktika
das Museum	→	die Museen
das Visum	→	die Visa
das Thema	→	die Themen

A1 **1** **Im Supermarkt. Ergänzen Sie den Plural.**

<table>
<tr><td>a</td><td>das Brot, –e</td><td>.die Brote.....................</td><td>f</td><td>das Ei, –er</td><td>..............................</td></tr>
<tr><td>b</td><td>die Banane, –n</td><td>..............................</td><td>g</td><td>das Würstchen, –</td><td>..............................</td></tr>
<tr><td>c</td><td>der Saft, ¨e</td><td>..............................</td><td>h</td><td>das Buch, ¨er</td><td>..............................</td></tr>
<tr><td>d</td><td>das Getränk, –e</td><td>..............................</td><td>i</td><td>die Kasse, –n</td><td>..............................</td></tr>
<tr><td>e</td><td>die Kiwi, –s</td><td>..............................</td><td>j</td><td>die Verkäuferin, –nen</td><td>..............................</td></tr>
</table>

A2 **2** **Auf dem Flohmarkt. Was kann man hier kaufen? Zählen und ergänzen Sie.**

> Buch ● Bild ● Lampe ● Auto ● Weinglas ● Fahrrad ● Flasche ● Computer ● ~~CD~~ ●
> Uhr ● Koffer ● Schuh ● Stuhl ● Mantel

–e	¨e	–n	–en	–s
....	....	....	....	7 CDs..............
		....		....

–er	¨er	–	¨
....	....	....	....
	....		
	....		

A2 **3** **Bunte Warenwelt. Ergänzen Sie die Pluralendungen und – wo nötig – den Umlaut (ä/ö/ü).**

a
> ## Sommer-Schluss-Verkauf:
> Super Angebot*e*.... für die ganze Familie!

d
> ## Viele Geschenkidee......
> für die Weihnachtszeit

b
> **Drogerie-Artikel**...... jetzt im Preis gesenkt

e
> ## Kuschelige Handtuch...... in vielen
> modischen Farben erhältlich

c
> ## Kochen wie die Profis:
> 1-A Topf...... mit 10 Jahren Garantie

f
> ## Digitalkamera......
> zu unglaublich günstigen Preisen

*Ein Hund **sieht** eine Wurst.*

Eine Bildergeschichte für Deutschlerner

Die Wurst gefällt dem Hund.
Die Frau sieht den Hund.

Der Hund bekommt
Susannes Wurst.

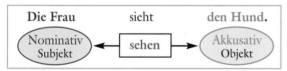

Ein Hund sieht eine Wurst.
Die Wurst gehört einer Frau.

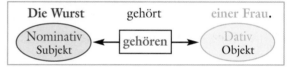

Der Hund gefällt der Frau.
Der Name der Frau ist Susanne.

Jedes Nomen hat vier verschiedene Kasusformen: **Nominativ**, Akkusativ, Dativ und **Genitiv**.
Das Nomen hat im Satz verschiedene Funktionen. Das **Verb**, eine **Präposition** oder ein anderes **Nomen** bestimmen die Funktion. Je nach Funktion hat das Nomen einen anderen Kasus.

Verben können den Kasus bestimmen:

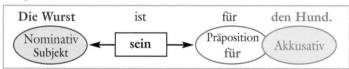

Präpositionen können den Kasus bestimmen:

Nomen (können nur den Genitiv bestimmen):

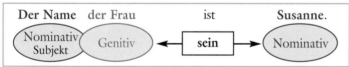

Namen im Genitiv erhalten zusätzlich ein *-s* und stehen normalerweise links vor dem Nomen:
Der Hund bekommt **Susannes** Wurst.

Alternative zum Genitiv: *von + Dativ*
Susannes Wurst = die Wurst von Susanne

Formen

		Nominativ Da ist / sind …	Akkusativ Hast du … gesehen?	Dativ Die Wurst gehört …	Genitiv Die Wurst …
Singular	maskulin neutral feminin	der/ein Hund das/ein Kind die/eine Frau	den/einen Hund das/ein Kind die/eine Frau	dem/einem Hund dem/einem Kind der/einer Frau	des/eines Hundes des/eines Kindes der/einer Frau
Plural		die/– Hunde	die/– Hunde	den/– Hunden	der Hunde

1 **Eine E-Mail. Markieren Sie den Akkusativ und den Dativ.**

Hi Andy,
na, wie geht's? Du, es gibt eine große Neuigkeit: Ich ziehe bei meinen
Eltern aus! Ich habe jetzt endlich eine kleine Wohnung gefunden. Ich
habe eine große Bitte: Am Wochenende möchte ich umziehen. Hast Du
am Samstag Zeit? Könntest Du vielleicht helfen? Wir fangen so ab 9
Uhr an. Kemal und Robert kommen auch. Ich habe ja so viele Sachen!
Aber das schwere Sofa habe ich schon meinem Bruder geschenkt ☺!
Seiner Frau gefällt es so gut. Meinst Du, Du kannst mit Deinem VW-
Bus kommen? Dann muss ich kein Auto mieten. Ruf doch kurz an oder
schreib eine Mail. Hast Du eigentlich meine neue Telefonnummer?
0175/3999782.

Tausend Dank und liebe Grüße
Bine

2 **Ordnen Sie zu. Akkusativ oder Dativ?**

		Akkusativ	Dativ
a	Ich fahre zu meiner Freundin.		zu meiner Freundin
b	Sie hat ihm aus dem Urlaub geschrieben.		
c	Ich gehe nie ohne meinen Hund in den Park.		
d	Nach einer Stunde ist er wieder gefahren.		
e	Wir leben seit zwei Jahren in München.		
f	Der Ring ist für meine Freundin.		
g	Er ist durch die ganze Stadt gefahren.		
h	Eltern machen sich immer Sorgen um ihre Kinder.		
i	Er ist mit dem Fahrrad durch ganz Südamerika gefahren.		

3 **Was bestimmt den Kasus? Markieren Sie und kreuzen Sie an.**

		Verb	Präposition	Nomen
a	Für **wen** ist der Kuchen?	☐	☒	☐
b	Wie gefällt **dir** mein neuer Mantel?	☐	☐	☐
c	Er hat sich den ganzen Tag nicht um **seine Freundin** gekümmert.	☐	☐	☐
d	Er ist seit **einer Woche** verheiratet.	☐	☐	☐
e	Es ist noch früh. Ich trinke noch **ein Bier**.	☐	☐	☐
f	**Wem** gehört der rote Mantel?	☐	☐	☐
g	**Peters** Vater ist Arzt von Beruf.	☐	☐	☐
h	Am Sonntag gehen wir mit **unseren Freunden** in die Berge.	☐	☐	☐

Fragen Sie doch den Kollegen! Ich habe keine Zeit.

KUNDENSERVICE

Einige maskuline Nomen haben –
außer im Nominativ Singular –
die Endung *-(e)n*:

der Kollege → den Kollege**n**
der Student → den Student**en**

	Nominativ	Akkusativ	Dativ	Genitiv
Singular	der Student	den Studenten	dem Studenten	des Studenten
Plural	die Studenten	die Studenten	den Studenten	der Studenten

auch so: bei indefinitem Artikel *(ein)*, Negationsartikel *(kein)* und Possessivartikel *(mein, dein, ...)*

Zur *n*-Deklination gehören maskuline Nomen auf:	Beispiele
-e	der Pole, der Grieche, der Kunde, der Junge, der Biologe, ...
-ent	der Patient, der Präsident, ...
-ant	der Praktikant, der Lieferant, ...
-ist	der Polizist, der Realist, ...
-at	der Automat, ...
einige einsilbige maskuline Nomen	der Mensch, der Herr * ...

⚠ Diese Wörter haben ein zusätzliches *-s* im Genitiv Singular:
der Name, der Friede, der Buchstabe, der Gedanke,
das Herz (das einzige **neutrale** Wort mit *n*-Deklination)
→ des Name**ns**, des Friede**ns**, ...

⚠ * **der Herr** hat im Singular **kein** *-e*, sondern nur im Plural:
Singular: der Herr, den Herr**n**, dem Herr**n**, des Herr**n**
Plural: die Herr**en**, die Herr**en**, den Herr**en**, der Herr**en**

31 **1** *n*-Deklination oder „normale" Deklination? Ordnen Sie die Akkusativ-Form zu.

Tourist • Affe • Arbeiter •
Vogel • Baum • Beruf •
Mann • Beamte • Deutsche •
Dozent • Hund • Kaffee •
Erfolg • Gedanke • Lieferant •
Japaner • Soldat • Student •
Tisch • Theologe

n-Deklination	„normale" Deklination
den Touristen	

31 **2** In der Kaffeeküche. Was ist richtig? Kreuzen Sie an.

● Du, stimmt es eigentlich, dass Kristina mit einem ☐ Grieche ☒ Griechen verheiratet ist?
▲ Ja klar, schon seit zwei Jahren. Er hat hier mal als ☐ Praktikant ☐ Praktikanten gearbeitet.
● Echt? Witzig! Und sag mal, wie findest du denn unseren neuen ☐ Kollege ☐ Kollegen?
▲ Den neuen? Unmöglich! Er weiß alles besser und dabei ist er gerade mal eine Woche hier.
● Ja, genau. Hast du gewusst, dass der noch ☐ Student ☐ Studenten ist?
▲ Ach komm, das gibt's ja nicht! Warum hat der dann die Stelle bekommen?
● Keine Ahnung. Vielleicht kennt er hier jemanden?
▲ Mensch, na klar! Der hat doch den gleichen ☐ Name ☐ Namen
wie unser ☐ Direktor ☐ Direktoren: Zeller.
▲ Stimmt! Der heißt auch Zeller, Patrick Zeller! Na dann ist ja alles klar.
● Pst, da kommt er. Guten Morgen, ☐ Herr ☐ Herrn Zeller.

31 **3** Kleine und große Nachrichten. Ergänzen Sie in der richtigen Form.

Präsident • Fotograf • Junge • Friede • Zeuge • Herz

a
Eltern überglücklich: Kleiner ...Junge... wieder gesund
nach schwieriger Operation am offenen ....

d
Achtung!
Am Sonntagabend wurde mein
Auto komplett zerkratzt. Wer hat
etwas gesehen? Ich suche einen
.... Bitte melden
unter 0151/148 24 9 31.

b
Dienstag live im ZDF: Die Wahl des nächsten amerikanischen
.... Die ganze Welt schaut zu. Wir sind in
Washington und berichten laufend über die aktuellen Ergebnisse.

c
Rund zwei mal fünf Meter groß sind die Werke
des weltberühmten ....
Andreas Gursky, die zurzeit in München zu
sehen sind. 46 Bilder werden im Haus der
Kunst gezeigt, die bislang größte Ausstellung.

e
Der Manchester-Vertrag sorgte endlich für
.... in der lange umkämpften
Region.

Artikelwörter stehen vor einem Nomen. Sie richten sich in Genus *(der, das, die)*, Numerus (Singular/Plural) und Kasus (Nominativ, Akkusativ, Dativ, Genitiv) nach dem Nomen.

Definiter Artikel

		Nominativ		Akkusativ		Dativ		Genitiv	
Singular	maskulin	der	Schrank	den	Schrank	dem	Schrank	des	Schranks²
	neutral	das	Auto	das	Auto	dem	Auto	des	Autos²
	feminin	die	Frau	die	Frau	der	Frau	der	Frau
Plural		die	Sterne	die	Sterne	den	Sternen¹	der	Sterne

Indefiniter Artikel

		Nominativ		Akkusativ		Dativ		Genitiv	
Singular	maskulin	ein	Schrank	einen	Schrank	einem	Schrank	eines	Schranks²
	neutral	ein	Auto	ein	Auto	einem	Auto	eines	Autos²
	feminin	eine	Frau	eine	Frau	einer	Frau	einer	Frau
Plural		–	Sterne	–	Sterne	–	Sternen¹	–	

⚠ ¹ *-n* bei maskulinen und neutralen Nomen, deren Plural nicht auf *-s* oder sowieso auf *-n* endet:
    Stern – Sterne: Ich habe ein Kleid mit Sternen.
    Kind – Kinder: Ich spiele gern draußen mit den Kindern.
   ² *-(e)n* bei maskulinen und neutralen Nomen. Einsilbige Wörter erhalten oft die Endung *-es*:
    des Mannes, des Brotes, …

A2   **1**   **Lesen Sie die Gespräche und ergänzen Sie die Formen der unterstrichenen Wörter in der Tabelle.**

a   ●   Hallo Betty, gehst du eigentlich auch zu <u>der Party</u> von Svenja?
     ▲   Ja, klar. <u>Die Partys</u> von Svenja sind immer super. Soll ich dich mitnehmen? Ich fahre mit <u>dem Auto</u>.
     ●   Gern, aber ich kann auch mit <u>dem Bus</u> fahren.
     ▲   Ach, <u>das Auto</u> ist doch bequemer. Ich hole dich so gegen halb acht ab, okay?
     ●   Ja super, danke.

b ■ Entschuldigen Sie, gibt es hier in der Nähe <u>eine Apotheke</u>?
  ▲ Ja, <u>Apotheken</u> haben wir hier viele. Da vorne, da ist <u>die Stadt-Apotheke</u>.
  ■ Prima. Und sagen Sie, finde ich dann da auch <u>die Post</u>?
  ▲ Nein, tut mir leid, da müssen Sie nach Potsdam fahren.

c ■ Guten Tag, Müller ist mein Name. Ich muss leider <u>den Termin</u> morgen bei Dr. Schmelz absagen.
  ● Okay. Möchten Sie <u>einen neuen Termin</u> ausmachen?
  ■ Ja bitte. Haben Sie Ende der Woche noch etwas frei?
  ● Nein, tut mir leid, <u>der nächste freie Termin</u> ist erst in zwei Wochen, am Donnerstag um 11 Uhr 15. Passt das?
  ■ Oh je, so spät erst? Na gut, wenn es nicht anders geht. Dann komme ich eben am Donnerstag.

	Nominativ	Akkusativ	Dativ
maskulin	.... / ein	.... /	.... / einem
neutral	.... / ein	das / ein	.... / einem
feminin	.... / eine	.... /	.... / einer
Plural	.... / –	die /	den / –

A2 **2** **Fehlerkorrektur. Korrigieren Sie – wo nötig.**

Liebe Nina,

             einem
jetzt bin ich schon seit ~~einen~~ Monat (m.) in Deutschland. Wie Du ja weißt, mache ich in München eine Sprachkurs (m.). München ist ein tolle Stadt (f.). Ich habe noch nicht so viel gesehen, weil ich jeden Tag in der Schule (f.) gehe, aber abends gehe ich oft mit anderen Leuten aus dem Kurs (m.) weg. Meine besten Freunde sind zwei Frauen aus Thailand und eine Mann (m.) aus Frankreich. Wir gehen manchmal in eine Restaurant (n.) oder wir sehen einem Film (m.) im Kino oder wir gehen einfach nur im Englischen Garten spazieren. Es macht viel Spaß in die Schule (f.) und ich habe schon viel gelernt.
So, ich muss jetzt wieder in die Schule (f.). Und vorher muss ich noch Hausaufgaben machen.
Viele Grüße von Deiner Hanna

B1 **3** **Kino Kino. Ergänzen Sie die Filmtitel im Genitiv.**

a ein Geschenk – der Himmel *Ein Geschenk des Himmels* (USA; 1951; Neuverfilmung 1995 mit Steve Martin)
b im Namen – der Vater .... (Irland, GB, USA; 1993, nominiert für 7 Oscars)
c der Herr – die Ringe .... (USA, Neuseeland; 2003; 11 Oscars)
d das Leben – die Anderen .... (Deutschland 2006; 1 Oscar: Bester ausländischer Film)
e die Stadt – die Blinden .... (Brasilien, Kanada, Japan; 2008; Literaturverfilmung)
f der König – die Löwen .... (USA; 1994; Walt Disney Klassiker)

Das ist eine Studentin.   Die Studentin heißt Gitta.   Gitta studiert Medizin.

Es gibt indefinite *(ein, eine)* und definite *(der, das, die)* Artikelwörter.
Manchmal ist aber auch kein Artikel nötig (Nullartikel).

Indefiniter Artikel + Nomen

Das Nomen ist (im Text / im Gespräch) neu oder unbekannt.	Das ist eine Studentin. Sie kauft immer ein Monatsticket für 30 Euro.
Definition	Tango ist ein Tanz aus Argentinien.
Anzahl	Ich hätte gern einen Kaffee und ein Stück Kuchen.

Definiter Artikel + Nomen

Das Nomen ist schon einmal genannt worden.	Das ist eine Studentin. Die Studentin heißt Gitta.
Eine ganz bestimmte Person oder Sache.	Wie heißt noch mal die Schauspielerin aus dem neuen „James Bond"-Film? Siehst du das Auto da drüben?
Das Nomen ist allgemein bekannt.	Die Sonne scheint.

Nullartikel

Ein Artikel wird nicht benutzt bei ...	
Namen Firmennamen	Die Studentin heißt Gitta. Ihr Vater arbeitet bei Siemens.
Berufsbezeichnungen	Gitta möchte Ärztin werden.
Nationalitäten und Sprachen	Gitta ist Schwedin. Sie spricht Schwedisch.
Städten Ländern (ohne Artikel) Kontinenten	Sie kommt aus Stockholm. Das ist die Hauptstadt von Schweden. ⚠ Gittas Freund Urs kommt aus der Schweiz. Gitta möchte später gern als Ärztin in Afrika arbeiten.
unbestimmten Mengenangaben	Gitta isst gern Schokolade.
Nomen nach Gewichts-, Mengen-, Längenangaben	Sie hat gerade 400 Gramm Bonbons gekauft und sieben Schachteln Pralinen.
Materialangaben	Gittas Lieblingskette ist aus Gold.

A1 1 Essgewohnheiten. *der, das, die* oder *ein, eine, einen, … ?*

a Also, ich esse jeden Tag *ein* .... Ei. .... Ei (n.) darf aber
nur 3 Minuten kochen. Dann ist es richtig.

Fritz M., 22, Student

b Ich trinke seit 20 Jahren jeden Morgen .... Glas (n.) Wasser.
.... Wasser (n.) muss aber richtig warm sein. Das ist gesund.

Sabine M., 58, Hausfrau

c Ich esse jeden Tag .... Apfel (m.). Die Engländer sagen:
An apple a day keeps the doctor away.

Peter S., 34, Lehrer

d Jeden Abend .... Gläschen (n.) Rotwein. Und dazu ....
Stück (n.) Schokolade. Dann denke ich: Das war .... guter Tag (m.).

*Eva-Maria A., 78,
Rentnerin*

A2 2 Neu in der Stadt! Mit oder ohne Artikel? Kreuzen Sie an.

a Hallo, ich heiße ☒ Lars ☐ der Lars und bin 20 Jahre alt. Zurzeit mache ich
☐ Ausbildung ☐ eine Ausbildung in ☐ Köln ☐ dem Köln. Ich möchte
☐ Industriekaufmann ☐ der Industriekaufmann werden. Ich koche gern und
mag ☐ gutes Essen ☐ das gute Essen. Am liebsten esse ich ☐ Fisch ☐ den
Fisch. Ich mache aber auch gern ☐ Sport ☐ den Sport. Ich suche ☐ Leute
☐ die Leute für Aktivitäten in ☐ den Ferien ☐ Ferien und am Wochenende.
Meldet Euch! tennis_lars@mailbox.de

b Hallo! Mein Name ist ☐ die Sabine ☐ Sabine. Ich bin 48 Jahre alt, verheiratet
und arbeite halbtags als ☐ eine Sekretärin ☐ Sekretärin. Mein Mann ist
☐ Franzose ☐ ein Franzose, wir sprechen zu Hause ☐ Deutsch und Französisch
☐ das Deutsch und das Französisch. In meiner Freizeit tanze ich gern, vor allem
Mambo, das ist ☐ Tanz ☐ ein Tanz aus Kuba. Wer hat dazu auch Lust? Schreibt
an: sabine@neuhof-family.de

A2 3 Millionen-Quiz. Ergänzen Sie – wo nötig – den Artikel.

Äh, also …

Also, Herr Meierbüttel, hier kommt ....
1-Million-Euro-Frage: Es ist .... Tier. Es lebt in
.... Afrika und in .... Asien.
.... Tier ist .... zweitgrößte Tier der Welt. Es hat
.... große Ohren und .... lange Nase. Es
frisst nur .... Pflanzen. Man kann auf ....
Rücken reiten, aber es ist kein Pferd.

Das ist ein Ei.   Das ist kein Ei.

Nomen können verneint werden. Vor dem Nomen steht dann der Negativartikel *kein-*.

		Nominativ		Akkusativ		Dativ		Genitiv	
Singular	maskulin	kein	Apfel	keinen	Apfel	keinem	Apfel	keines	Apfels
	neutral	kein	Ei	kein	Ei	keinem	Ei	keines	Eis
	feminin	keine	Kartoffel	keine	Kartoffel	keiner	Kartoffel	keiner	Kartoffel
Plural		keine	Eier	keine	Eier	keinen	Eiern[1]	keiner	Eier

⚠   [1] *-n* bei maskulinen und neutralen Nomen, deren Plural nicht auf *-s* oder sowieso auf *-n* endet.

Im Singular hat der Negativartikel die gleichen Endungen wie der indefinite Artikel *(ein, eine, …)*.

A1   **1**   **Jana will heute nicht. Ergänzen Sie** *(k)ein, (k)eine, (k)einen* **oder –.**

<u>a</u>   „Brauchst du vielleicht noch ...*eine*...... Decke?" – Aber Jana
will ...*keine*..... Decke.

<u>b</u>   „Möchtest du .... Tasse Tee?" – Aber Jana will
.... Tee.

<u>c</u>   „Möchtest du vielleicht .... Stück Kuchen essen?" –
Aber Jana will jetzt .... Kuchen.

<u>d</u>   „Möchtest du etwas lesen? Soll ich dir .... Buch bringen?" –
Aber sie will auch .... Buch lesen.

<u>e</u>   „Möchtest du .... Zeitschrift ansehen?" – Aber Jana will auch
.... Zeitschrift ansehen.

<u>f</u>   „Möchtest du etwas malen? Soll ich dir .... Stifte bringen?" – Aber Jana will .... Stifte.

<u>g</u>   „Möchtest du telefonieren? Soll ich dir das Telefon bringen?" – Aber Jana will auch ....
Telefon. Was?! Jana muss wirklich krank sein.

2 Ordnen Sie zu und ergänzen Sie.

a Ich gehe heute ins Kino. Kommst du mit?

b Papa, bitte kauf mir ein Eis!

c Sag mal, weißt du, wie spät es ist?

d Du, ich gehe jetzt joggen. Kommst du mit?
e Möchtest du auch ein Stück Kuchen?

Wie oft soll ich es noch sagen? Ich habe .... Geld dabei.

Tut mir leid, aber ich habe . *keine* ...... Zeit. Ich muss noch arbeiten.

Oh nee, dazu habe ich jetzt .... Lust. Ich liege gerade in der Badewanne.

Nein danke, ich habe überhaupt .... Hunger.

.... Ahnung. Vielleicht drei?

3 Rätsel: Finden Sie Valentino Lerchenfall!

a Ergänzen Sie *kein, keine, keinen.*

Valentino Lerchenfall hat . *keine* ...... Brille, er trägt .... Rucksack und ....

Schirm. Er trägt .... Paket unter dem Arm und er isst auch .... Eis. Er trägt

.... Mantel, er liest .... Zeitung und er hat auch .... Hund dabei.

b Wer ist Valentino Lerchenfall? Kreuzen Sie an.

☐ 1   ☐ 2   ☐ 3   ☐ 4

c Beschreiben Sie Valentino Lerchenfall.

Er hat ein ...

Wo ist denn meine Brille?

Herr Arnold sucht
seine Brille.

Frau Arnold kennt
ihren Mann.

Maria? Wo ist denn meine Brille?

Deine Brille, Otto? Sie ist auf deinem Kopf.

> Der Possessivartikel steht vor einem Nomen.
> Er zeigt, zu wem oder was etwas gehört.
>
> Herr Arnold | sein | e | Brille

ich	meine Brille	wir	unsere Brille
du	deine Brille	ihr	eure Brille
er/es	seine Brille	sie	ihre Brille
sie	ihre Brille	Sie	Ihre Brille

Der Possessivartikel *(mein, dein, ...)* hat dieselben Endungen wie der Negativartikel *(kein)*.

		Nominativ	Akkusativ	Dativ	Genitiv
Singular	maskulin	mein Mann	meinen Mann	meinem Mann	meines Mannes
	neutral	mein Sofa	mein Sofa	meinem Sofa	meines Sofas
	feminin	meine Brille	meine Brille	meiner Brille	meiner Brille
Plural		meine Brillen	meine Brillen	meinen Brillen	meiner Brillen

auch so: dein-, sein-, ihr-, unser-, eur(e)-, ihr-, Ihr-

⚠ euer Bruder, *aber:* euren Bruder, eure Schwester

---

1   Ordnen Sie zu und ergänzen Sie den Notizzettel.

a   Ich lebe in Fürstenfeldbruck.

b   Schau mal, der Chef fährt Fahrrad.

c   Max und Tim machen zurzeit
   jeden Abend eine Party.

d   Alex, hast du mich nicht gehört?

e   Warum sieht Paula denn so traurig aus?

f   Toll, dass ihr morgen kommt.

g   Wer ist Miezi?

Ich freue mich sehr auf euren Besuch.

Das ist unsere Katze. Haben Sie sie
vielleicht gesehen?

Aber meine Firma ist in München.

Ich glaube, ihre Eltern sind in Urlaub.

Mach deine Musik leise.

Und sein Fahrrad ist ja rosa. Lustig!

Ihre Großmutter ist sehr krank.

1 ich – mein
2 du – ...
3 er/es – ...
4 sie (Sg.) – ...
5 wir – ...
6 ihr – ...
7 sie (Pl.) – ...
8 Sie – Ihre

2 Zwillinge mit ein paar kleinen Unterschieden. Ergänzen Sie.

<u>a</u> .Ihre....... Füße sind klein. .Seine...... Füße sind groß.

<u>b</u> .... Mund ist nicht so groß. .... Mund ist etwas groß.

<u>c</u> .... Haare sind blond und lang. .... Haare sind auch blond, aber kurz.

<u>d</u> .... Nase ist ein bisschen klein. .... Nase ist ein bisschen groß.

<u>e</u> .... Fahrrad hat vorne ein Licht. .... Fahrrad hat vorne kein Licht mehr.

3 Sag mal, was ist denn das? Kreuzen Sie an.

Rudi wohnt nicht mehr zu Hause. Seine Eltern besuchen ihn zum ersten Mal.

<u>a</u> Seht mal, das ist ☐ meine ☒ mein Haus.

<u>b</u> Hier ist ☐ meine ☐ mein Bad. Super, oder?

<u>c</u> Da hinten ☐ mein ☐ meine neues Auto.
Das kennt ihr auch noch nicht.

<u>d</u> Das sind Hasso und Rex, ☐ mein ☐ meine
Hunde. Ich glaube, sie mögen euch.

<u>e</u> Darf ich vorstellen? Herr Knast, ☐ mein ☐ meine
Nachbar. Er ist sehr nett.

<u>f</u> Und hier, Mama, Papa, habe ich auch ein gemütliches Sofa
für ☐ mein ☐ meine Gäste. Na, möchtet ihr nicht ein paar Tage bleiben?

4 Ergänzen Sie.

<u>a</u> ▲ Du, Magdalena, wo ist denn .dein....... Mann? Er wollte doch auch mitkommen.
◆ Er kommt gleich. Er wollte nur noch schnell .... Schwester anrufen.

<u>b</u> ▲ Herr Schmidt, darf ich Ihnen .... Frau vorstellen? ... Schatz, das ist Herr Schmidt,
.... Chef.

<u>c</u> ▲ Oh je, Anna, was ist denn mit .... Bein passiert?
◆ Gebrochen. Ich bin vom Fahrrad gefallen.

<u>d</u> ▲ Hallo, Herr Bader. Wir haben die letzten Tage oft an Sie gedacht.
Wie geht es denn .... Frau?
◆ Viel besser, danke.

Alle Käfer haben sechs Beine. Und doch ist jeder anders. Sehen Sie mal:

Manche Käfer sind blau und haben Punkte. Einige Käfer sind ganz klein.

Dieser Käfer zum Beispiel ist blau und hat keine Punkte.

Gibt es noch irgendwelche Fragen?

Neben dem indefiniten Artikel *(ein/eine)* und dem definiten Artikel *(der/das/die)* gibt es noch weitere Artikelwörter.

Artikelwort	Bedeutung	Beispiel
irgendein- irgendwelch-	unbestimmt, nicht näher bestimmt	Das ist nicht irgendein Käfer. Das ist ein Hirschkäfer. Immer hörst du irgendwelche Vorträge an. (Plural)
diese-	weist besonders auf eine Person oder Sache hin	Dieser Käfer ist blau und hat keine Punkte.
jede- / alle	sämtliche Personen oder Sachen aus einer Gruppe	Jeder Käfer ist anders. (nur Singular) Alle Käfer haben sechs Beine. (nur Plural)
einige manche	mehrere, aber nicht viele, ein paar	Einige Käfer sind ganz klein. (nur Plural) Und manche Käfer sind blau.

Wie der indefinite Artikel *(ein, eine): irgendein-/irgendwelch-*

		Nominativ		Akkusativ		Dativ		Genitiv	
Singular	maskulin	irgendein	Käfer	irgendeinen	Käfer	irgendeinem	Käfer	irgendeines	Käfers
	neutral	irgendein	Kind	irgendein	Kind	irgendeinem	Kind	irgendeines	Kindes
	feminin	irgendeine	Frau	irgendeine	Frau	irgendeiner	Frau	irgendeiner	Frau
Plural		irgendwelche	Käfer	irgendwelche	Käfer	irgendwelchen	Käfern	irgendwelcher	Käfer

Wie der definite Artikel *(der, das, die): diese-, jede- (Sg.)/alle- (Pl.)/ einige- (Pl.), manche-*

		Nominativ		Akkusativ		Dativ		Genitiv	
Singular	maskulin	dieser	Käfer	diesen	Käfer	diesem	Käfer	dieses	Käfers
	neutral	dieses	Kind	dieses	Kind	diesem	Kind	dieses	Kindes
	feminin	diese	Frau	diese	Frau	dieser	Frau	dieser	Frau
Plural		diese	Käfer	diese	Käfer	diesen	Käfern	dieser	Käfer

2 **1** **Anna feiert Geburtstag. Partygespräche. Was passt? Ergänzen Sie.**

dieses ● einigen ● dieser ● alle ● jedes ● diesen ● jede ● Diese ● alle ● Manche

a ● Sag mal, kennst du eigentlich *alle* Gäste hier auf der Party?
　▲ Ja, aber ich kenne nicht alle gleich gut.
　　.................... Leute sehe ich auch nur einmal im Jahr auf Annas Geburtstag.
b ● Und woher kennt sie die alle?
　▲ Na ja, mit .... Leuten arbeitet sie zu-sammen und andere kennt sie noch von früher.
c ● Sag mal, wer ist denn .... Mann? Der sieht ja interessant aus.
　▲ Den kennst du nicht? Den kennt doch .... Frau in diesem Raum. Das ist Michael Herzbruch, Annas Bruder.
d ● Wo wart ihr eigentlich .... Jahr im Urlaub?
　▲ Wir waren wieder in Griechenland, wie .... Jahr. Es war wie immer wunderschön.
e ● Ich finde .... Salat hier am besten. Den musst du unbedingt probieren.
　▲ Habe ich schon. Aber ich finde .... Salate gleich lecker.
f ● Aua, ich kann kaum noch stehen. .... Schuhe sind wunderschön, aber sie drücken mich so.

1 **2** **Lauftreff „Rund um die Stadt". Ergänzen Sie.**

Wer hat Lust zu laufen?

Wir sind nicht irgendein...... Gruppe von Läufern. Wir sind wahrscheinlich der lustigste Lauftreff (im Moment 3 Männer, 2 Frauen) in ganz München. Wir laufen jed...... Mal in einem anderen Stadtteil. An manch...... Tagen ist die Strecke kürzer, an anderen Tagen länger. Aber keine Angst, wir nehmen das Laufen nicht zu ernst. Auch all...... Anfänger sind herzlich willkommen. Ihr werdet sehen, nach einig...... Trainingsläufen kommt jeder gut mit. Probiert es doch einfach mal aus. Wir freuen uns über jed...... neuen Teilnehmer.

Dies...... Woche starten wir wieder. Wir treffen uns am Donnerstag (15. März) um 16:45 Uhr hier am Vereinsheim.

Falls es irgendwelch...... Fragen gibt, ruft mich an. Kontakt: Steff Künzell, Tel. 37 40 39

| Das ist Bello. | Er tanzt gern. | Er lacht gern. | Er isst gern Schokoladenkuchen. |

Das ist Bello. **Er** tanzt gern.
Ich liebe **ihn**.
Ich gebe **ihm** immer Schokoladenkuchen.

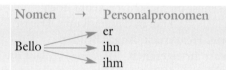

Nomen → Personalpronomen

Bello → er
Bello → ihn
Bello → ihm

Formen

Nominativ	Akkusativ	Dativ
ich	mich	mir
du	dich	dir
er	ihn	ihm
es	es	ihm
sie	sie	ihr
wir	uns	uns
ihr	euch	euch
sie / Sie	sie / Sie	ihnen / Ihnen

Genitiv *(meiner, deiner, …)*: nur selten verwendet

Das Pronomen man (neutral, allgemein):
Hier muss **man** Hunde an die Leine nehmen.
= Hier müssen alle ihre Hunde an die Leine nehmen.

⚠ man ≠ Mann

man gibt es nur im Nominativ. Akkusativ: einen; Dativ: einem
Manche Hunde rennen **einem** einfach hinterher.

Wortstellung

	Dativ(-pronomen) (wem?)	Akkusativ (was?/wen?)
Du gibst	Bello	ein Halsband.
Du gibst	ihm	das Halsband.
	Akkusativpronomen (was?)	Dativ(-pronomen) (wem?)
Du gibst	es	ihm/Bello.

1 Rund um die Schule! Ergänzen Sie.

a Meine Kinder gehen schon zur Schule. *Sie* sind jeden Tag bis 15 Uhr dort.
b .... verstehe dieses Wort nicht. Kannst .... mir bitte das Wörterbuch geben?
c Sabine ist heute nicht in der Schule. .... hat Husten und Schnupfen.
d Entschuldigung, Frau Saller, können .... das bitte noch mal erklären? Ich verstehe das nicht.
e Herr Müller ist im Krankenhaus. .... kommt erst nächste Woche wieder in die Schule.
f Kinder, habt .... eure Hausaufgaben schon gemacht?

2 *mich* oder *mir*? *dich* oder *dir*? Akkusativ oder Dativ? Ergänzen Sie.

		Für wen ist das Geschenk?	Wem gehört die Tasche?
a	(ich)	Für *mich*	*Mir!*
b	(Eva)	Für *sie*	....
c	(ihr)	Für	....
d	(wir)	Für	....
e	(du)	Für	....
f	(Tim)	Für	....
g	(Sie)	Für	....
h	(Fritz und Emma)	Für	....

3 Small Talk auf der Party. Akkusativ oder Dativ? Ergänzen Sie.

a Das rote Kleid steht .... wirklich gut, mein Schatz. – Danke!
b Ist das dein Glas? – Nein, das gehört nicht ....
c Wie gefällt .... die Musik hier? – Ich finde .... super, und du?
d Warum guckt der da drüben denn so komisch? – Ich glaube, ... schmeckt das Essen nicht.
e Wo ist denn deine neue Freundin? – Ach, lass mich doch in Ruhe! Ich habe .... seit zwei Stunden nicht mehr gesehen.
f Hey, Tim, lange nicht gesehen. Wie geht es ....? – Gut, danke, und ....?
g Guten Abend. Ach herrje, Sie sind der Nachbar? Oh, hat man .... denn nicht gesagt, dass es heute lauter wird? Warten Sie, ich hole mal den Gastgeber.

4 Kurze Infos und Anfragen. Ergänzen Sie.

A
Hi Max,
Du hast doch die Handynummer von Sven! Kannst Du .... bitte mailen? Danke, Iris

B
Lieber Tobi,
Oskar war vorhin da. Er wollte seine DVD holen. Du sollst .... heute Abend vorbeibringen. Papa

C
Hallo Bärbel, ich möchte mir morgen im Kino den Film ‚Willkommen bei den Sch'tis ansehen. Mein Freund hat .... sehr empfohlen. Kommst du mit? LG, Astrid

D
Liebe Lilli, ich möchte so gern heute Abend zu Annas Party Dein schwarzes Kleid anziehen. Kannst Du .... bitte bitte leihen? ☺ Danke, Johanna

3 Das ist meiner!

Nomen	→	Possessivpronomen
mein Ball	→	meiner
meinen Stift	→	meinen

● Wem gehört denn der Ball da?
▲ Das ist meiner. Warum?

● Ich habe meinen Stift vergessen.
▲ Dann nimm doch meinen.

Formen

		Nominativ		Akkusativ			Dativ	
Singular	maskulin	Meiner	ist kaputt.	Du kannst	meinen	nehmen.	mit	meinem
	neutral	Mein(e)s			mein(e)s			meinem
	feminin	Meine			meine			meiner
Plural		Meine	sind kaputt.		meine			meinen

auch so: dein-, sein-, ihr-, unser-, euer-/eur-, ihr-, Ihr-
Genitiv: nur selten verwendet

der Ball → meiner
das Handy → meins
die Brille → meine
die Stifte → meine

➡ Possessivartikel, Seite 22

A2

1 meiner, deiner, seiner ...

Markieren Sie die Possessivartikel.
Ergänzen Sie die Possessivpronomen.

a Ich habe meinen Kuli vergessen. Kann ich .deinen............... haben?
b Jörg will immer mein Fahrrad haben. .... ist kaputt.
c Kann ich deinen Autoschlüssel nehmen? Ich finde .... nicht.
d Unsere Kinder gehen normalerweise um 8 Uhr schlafen. Wann bringt ihr .... ins Bett?
e He, was machen Sie da? Das ist mein Auto und nicht ....
f Mia spielt immer mit meinen Sachen. Aber ich darf nie mit .... spielen.
   Das ist nicht nett.

A2
2 **Wem gehört was?**

a Ist das Peters Auto? – Ja, das ist ☐ seine ☒ seins ☐ seiner.

b Kann ich eine von euren Zigaretten haben? – Das sind nicht ☐ unsers ☐ unsere ☐ unserer.
Wir rauchen ja schon lange nicht mehr.

c Ist das Ingrids Mantel? – Nein, der rote ist ☐ ihre ☐ ihrs ☐ ihrer.

d Entschuldigung, können wir unseren Ball wiederhaben? – Ach, das ist ☐ eurer ☐ euers ☐ eure?

e Hallo, vergessen Sie Ihren Regenschirm nicht. – Danke, aber das ist nicht ☐ meine ☐ meins
☐ meiner.

A2
3 **Schön, von Dir zu hören. Ergänzen Sie.**

ihrer ● seins ● meinen ● unsere ● meins ● eurem

Liebe Christiane,

herzlichen Dank für Deinen lieben Brief. Hast Du eigentlich *meinen* mit
den Fotos bekommen?
Und Ihr habt ein neues Auto gekauft? Toll, was denn für eins? ....
ist ja auch schon über 10 Jahre alt, aber Georg meint, es fährt noch
wunderbar ... Na ja, er hat gut reden. Er hat .... erst vor einem
halben Jahr neu gekauft.
Übrigens, wir haben jetzt endlich einen Hund! Sag mal, wie macht Ihr das
eigentlich mit ...., wenn Ihr im Urlaub seid? Könnt Ihr ihn denn zu
Euren Nachbarn bringen? .... haben schon gesagt, dass sie ihn
gern mal für eine Woche oder so nehmen würden. .... ist nämlich
vor einem Jahr gestorben und da freuen sie sich, wenn mal wieder ein Hund im
Haus ist.

Ganz liebe Grüße von Deiner Barbara

B1
4 **Unter Freunden. Ergänzen Sie in der richtigen Form.**

a ● Mit welchem Auto fahren wir? Mit *meinem* oder mit e...........................?
▲ Wir können gern mit u........................... fahren.

b ● Guck mal, die Uhr habe ich von meinen Eltern zum Abitur bekommen.
▲ Witzig, ich habe von m........................... auch eine bekommen.

c ● Sind das deine Schlüssel?
■ Nein, das sind Sabines. Sie lässt i........................... immer überall liegen.

d ● Du, ich brauche für meine Mutter noch ein Weihnachtsgeschenk. Hast du eine Idee?
■ Also, ich schenke m........................... immer ein Parfüm. Darüber freut sie sich jedes Mal.

e ▲ Auf Wiedersehen, Herr Huber, und bitte grüßen Sie auch Ihre Frau.
● Das werde ich tun. Grüßen Sie bitte auch I...........................

Ich habe einen Porsche. – Ich habe auch *einen.*

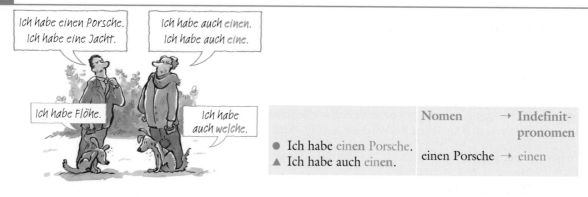

Ich habe einen Porsche.
Ich habe eine Jacht.

Ich habe auch einen.
Ich habe auch eine.

Ich habe Flöhe.

Ich habe auch welche.

● Ich habe einen Porsche.
▲ Ich habe auch einen.

	Nomen	→ Indefinit-pronomen
	einen Porsche	→ einen

	Bedeutung	Beispiel
(irgend)ein-	unbestimmt, nicht näher bestimmt	Ich habe eine Jacht. – Ich habe auch eine. Ich habe Flöhe. – Ich habe auch welche.
keine-	ein ↔ kein	Ich habe einen Porsche. – Ich habe leider keinen.
jede- / alle-	sämtliche Personen oder Sachen aus einer Gruppe	Jeder in unserem Team möchte im August Urlaub haben. Aber alle können eben nicht im August gehen.
viele-	eine große Anzahl, aber nicht alle	Viele gehen darum schon im Juli in Urlaub.
einige- manche-	mehrere, aber nicht viele; ein paar	Einige fahren sogar schon im Mai und manche erst im September.
wenige-	nicht sehr viele	Nur wenige machen gar keinen Sommerurlaub.
jemand	eine oder mehrere unbekannte Personen	Hauptsache, es geht jemand ans Telefon.

➡ Weitere Artikelwörter, Seite 24

Formen

		Nominativ	Akkusativ	Dativ
Singular	maskulin	einer / keiner	einen / keinen	einem / keinem
	neutral	eins / keins	eins / keins	einem / keinem
	feminin	eine / keine	eine / keine	einer / keiner
Plural		welche / keine	welche / keine	welchen / keinen

auch so: irgendeiner (Plural: irgendwelche), jede- (Plural: alle), manche-, einige- (nur Plural), viele- (nur Plural), wenige- (nur Plural)

	Nominativ	Akkusativ	Dativ	jemand
maskulin neutral feminin	(irgend)jemand	(irgend)jemand(**en**)	(irgend)jemand(**em**)	↔ niemand

Genitiv *(jemandes)*: nur selten verwendet; kein Plural
(irgend)jemand und *niemand* steht im Akkusativ und Dativ oft ohne Endung.

In Wörterbüchern finden Sie oft:
jmd. = jemand (Nominativ)
jmdn. = jemanden (Akkusativ)
jmdm. = jemandem (Dativ)

lie|ben ['li:bn], liebt, liebte, geliebt: **1.** ⟨tr.; hat; jmdn. 1.⟩ *jmdn. sehr gern haben:* ein Mädchen, einen Jungen, seine Eltern lieben;

ge|hö|ren [gə'hø:rən], gehört, gehörte, gehört: **1.** ⟨itr.; hat; jmdm., g.⟩ *jmds. Eigentum sein:* das Buch gehört mir; wem gehört dieser Kugelschreiber?

1 Mutter und Tochter. Ergänzen Sie.

> eins ● eine ● keins ● keine ● welche ● welche

▲ Möchtest du noch ein paar Tomaten mitnehmen?

● Nein danke, Mama, ich habe .....*welche*........... zu Hause.

▲ Brauchst du vielleicht ein Brot?

● Danke, Mama, ich habe gestern .... gekauft. Ich brauche .... mehr.

▲ Vielleicht eine Flasche Milch? Da ist noch .... im Kühlschrank.

● Nein, Mama, du weißt doch, ich mag keine Milch.

▲ Möchtest du Obst mitnehmen? Wie wär's mit Äpfeln? Du isst doch so gern Äpfel.

● Danke, ich brauche ...., ich habe immer .... zu Hause. Wirklich, ich brauche nichts. Außer vielleicht ... äh, du, Mamilein, sag mal, hättest du vielleicht ein bisschen Geld für mich?

2 Egal wer! Egal was! Ergänzen Sie *irgendein-* und *irgendwelche-* in der richtigen Form.

a ▲ Ich gehe jetzt zur Eisdiele. Was für ein Eis möchtest du denn? Wie immer Vanille?

  ● Ach, bring mir einfach ....*irgendeins*........... mit.

b ▲ Könntest du mir einen Pulli leihen?

  ● Einen dicken oder einen dünnen?

  ▲ Egal, einfach ....

c ▲ Ich finde keinen Kugelschreiber.

  ● Das gibt es doch nicht. .... muss doch da sein. Guck doch mal in der Schublade.

d ▲ Sabine, wir brauchen für unsere Mitarbeiterwand noch ein Foto von dir.

  ● Was denn für eins?

  ▲ Das spielt keine Rolle. Einfach .... Du siehst doch auf jedem Foto gut aus.

e ▲ Könntest du mir ein paar Bücher für den Urlaub leihen?

  ● Was liest du denn gern? Krimis oder lieber Romane?

  ▲ Ach, gib mir doch einfach .... Ich lese alles gern.

f ▲ Du, die Musik ist aus. Kannst du bitte eine neue CD einlegen?

  ● Was für eine CD willst du denn jetzt hören? Eine ruhige oder lieber eine rockige?

  ▲ Das ist mir egal, such einfach .... aus.

3 Rede des Chefs auf der Jubiläumsfeier. Was ist richtig? Markieren Sie.

Liebe Mitarbeiterinnen, liebe Mitarbeiter,
ich freue mich, Sie ☒ alle ☐ jeder hier zu unserem Firmenjubiläum begrüßen zu dürfen. ☐ Viele ☐ Keiner unserer Mitarbeiter arbeiten schon seit 10, 20 oder sogar 30 Jahren bei uns. ☐ Irgendjemand ☐ Manche von Ihnen kenne ich sogar noch als Lehrling. Das macht mich sehr stolz. Wir haben jetzt 211 Mitarbeiter und unsere Verkaufszahlen sind dieses Jahr erneut gestiegen, wofür ich ☐ keinem ☐ jedem von Ihnen sehr herzlich danke. So etwas ist nur möglich, wenn ☐ jeder ☐ alle in einer Firma ihr Bestes geben. Auch wir werden wieder alles dafür tun, dass ☐ jeder ☐ alle seine Arbeit behält. Ich weiß, ☐ einige ☐ niemand von Ihnen haben Angst, dass die Wirtschaftskrise auch unsere Firma betrifft. Natürlich: Auch bei uns werden sich Dinge ändern, aber nur ☐ keine ☐ wenige. ☐ Jemand ☐ Niemand von Ihnen muss Angst haben. Nun wünsche ich uns ☐ allen ☐ jedem ein schönes Fest!

Welches Eis? – Das da.

(Demonstrativ)Artikel + Nomen	→	Demonstrativpronomen
dieses / das Eis	→	dieses / das

Formen

		Nominativ	Akkusativ	Dativ
Singular	maskulin	der	den	dem
		dieser	diesen	diesem
	neutral	das	das	dem
		dieses	dieses	diesem
	feminin	die	die	der
		diese	diese	dieser
Plural		die	die	denen
		diese	diese	diesen

Genitiv *(m/n: dessen (Sg.), deren (Pl.); f: deren (Sg.), derer (Pl.):* nur selten verwendet
Die Demonstrativartikel haben die gleichen Endungen wie der definite Artikel
(*der/das/die*) – außer im Dativ Plural.

➡ **Indefiniter und definiter Artikel, Seite 16**

➡ **Indefiniter und definiter Artikel, Seite 16**

A1 **1** *der da, das da, die da!* **Kreuzen Sie an.**

a ● Welche Äpfel hätten Sie gern?
  ▲ ☐ Das ☐ Die ☐ Den hier bitte.

b ● Suchen Sie etwas?
  ▲ Ja, meinen Schlüssel.
  ● Meinen Sie vielleicht ☐ den ☐ die ☐ der hier?

c ● Welches Kleid findest du schön?
  ▲ ☐ Die ☐ Das ☐ Der da.

d ● Wer von den Jungen hat dir das Fahrrad weggenommen, Marie?
  ▲ ☐ Der ☐ Den ☐ Das da, Papa.

2 Typisch Frau! Ordnen Sie zu.

a ● Welche Hose soll ich anziehen?
b ● Welches T-Shirt gefällt dir am besten?
c ● Ach, ich ziehe doch lieber einen Rock an.
    Welchen findest du schöner?
d ● Und welche Kette soll ich nehmen?
e ● Welche Schuhe findest du besser?
f ● Welcher Mantel steht mir besser?

1 ▲ Diesen. Der ist nicht so kurz.
2 ▲ Dieser. Aber ich glaube, eine Jacke ist genug.
    Es ist ja warm draußen.
3 ▲ Diese hier. Mit den anderen bist du ja größer als ich.
4 ▲ Dieses mit dem runden Ausschnitt.
5 ▲ Diese hier. Die ist so schön bunt.
6 ▲ Diese da. Die ist sehr elegant.

a	b	c	d	e	f
6					

3 Ganz genau! Ergänzen Sie.

a

● Kennen Sie diese Frau hier auf dem Foto?
▲ Welche? _D i e_ mit den roten Haaren?
● Nein, ich meine _d i e s e_ hier.
▲ _ _ _ _ mit den schwarzen Haaren? Nein, tut mir leid, _ _ _ _ kenne
  ich nicht.

b

● Ich hätte gern ein Stück Käse von _ _ _ _ _ _ _ hier.
▲ Welchen meinen Sie denn? _ _ _ _ _ _ _ da?
● Nein, _ _ _ _ meine ich nicht. Ich meine _ _ _ _ hier.

c

● Ach, wie nett! Eine Postkarte von den Parks.
▲ Wer ist denn das? Von _ _ _ _ _ _ habe ich ja noch nie was gehört.
● Ach komm. Das sagst du jedes Mal. Das sind die netten Leute aus Korea.
  _ _ _ _ habe ich doch vor vielen Jahren mal im Flugzeug kennengelernt.

d ● Welches Fahrrad möchtest du denn jetzt?
  ▲ _ _ _ _ da mit der lustigen Klingel.

Sein Auto ist alt und hat einen starken Motor ...   aber keine gute Bremse.

Mit Adjektiven kann man etwas näher beschreiben. Wenn Adjektive vor einem Nomen stehen, dann haben sie eine Endung.

Adjektiv mit *sein* → keine Endung	Sein Auto ist alt.
Adjektiv bei einem Verb → keine Endung	Er kann nicht gut fahren.
Adjektiv steht vor dem Nomen → Endung	Das Auto hat einen starken Motor.
mehrere Adjektive hintereinander → gleiche Endung	Er kauft ein neues, rotes, schnelles Auto.

	Nominativ	Akkusativ	Dativ	Genitiv
maskulin	ein mein	alter Wagen	einen meinen	alten Wagen	einem meinem	alten Wagen	eines meines	alten Wagens
neutral	ein mein	altes Auto	ein mein	altes Auto	einem meinem	alten Auto	eines meines	alten Autos
feminin	eine meine	alte Tasche	eine meine	alte Tasche	einer meiner	alten Tasche	einer meiner	alten Tasche
Plural	– meine	alte Autos alten Autos	– meine	alte Autos alten Autos	– meinen	alten Autos	– meiner	alter Autos alten Autos

auch so bei: dein-, sein-, ihr-, unser-, euer/eur-, ihr-, Ihr-; kein-

⚠ 1) Adjektive auf *-el* und *-er* verlieren das *e*:   dunk**el** – ein dunk**ler** Wagen
                                                          teu**er** – ein teu**rer** Wagen
   2) *hoch* verliert das *c*:   ho**ch** – ein ho**hes** Haus
   3) Adjektive auf *-a* bekommen keine Endung: rosa – eine rosa Brille

A2

1   Wie bitte? Ergänzen Sie.

Wie bitte?

a ● Das ist aber ein schöner
      Tag heute.

b ● Sie haben aber einen süßen
      Hund.

c ● Ist das ein alter Hund?

d ● Das ist bestimmt ein ganz
      liebes Tier!

● Der Tag ist ..*schön*.....!

● Ihr Hund ist ....!

● Ist Ihr Hund schon ....?

● Ihr Hund ist bestimmt
   sehr ....!

2 **Ein Sommertag am See. Ergänzen Sie die Tabelle.**

		maskulin	neutral	feminin	Plural
Nominativ	Es war ... Es waren ...	ein wunder-bar_er_ Sommertag	ein lustig...... Picknick	eine schön...... Wanderung	ganz toll...... Stunden
Akkusativ	Zum Picknick haben wir ... mitgebracht.	einen gemischt...... Salat	ein frisch...... Brot	eine gut...... Flasche Rot-wein	kühl...... Getränke
Dativ	Wir haben den Tag ... verbracht.	an einem klein...... See	in einem nett...... Strandbad	auf einer groß...... Decke	mit gut...... Freunden

3 **Verabredungen. Ergänzen Sie – wo nötig – die Endungen.**

1 Hi Johanna, ich kann heute leider doch nicht. Ich muss auf meinen klein_en_ Bruder aufpassen. Er ist krank...... und meine Eltern sind im Theater. Möchtest Du vielleicht zu uns kommen? Das wäre schön....... Birte

Hi Birte, ja klar. Ist 18 Uhr ok? Wir können uns ja vielleicht meinen neu...... Film ansehen: „Babel"! Ich habe ihn zu meinem letzt...... Geburtstag bekommen. Tschüs, J.

Super. Es gibt dann auch ein lecker...... Essen. Ciao, B.

2 Hallo Marc, gehst Du mit mir in „Africa Africa"? Es gibt noch Karten. Man muss sie aber schnell...... kaufen, sonst sind sie wieder weg. Man bekommt sie bei einer speziell...... Inter-netseite. Kannst Du das machen? Danke, Eva

Liebe Eva, schon erledigt. Ich habe zwei Karten für nächsten Freitag. Es wird bestimmt ein schön...... Abend. Gehen wir danach noch etwas essen? Ich kenne da ein nett...... Restaurant. Ganz lieb...... Grüße, Marc

4 *dunkel, sauer, teuer, hoch*. **Ergänzen Sie.**

a Er wohnt in einer ....*dunklen*...... Straße. (dunkel)
b Puh, das ist aber ein .... Apfel. (sauer)
c Leider kann ich mir so ein .... Auto nicht leisten. (teuer)
d Wahnsinn, so ein .... Haus habe ich noch nie gesehen. (hoch)

5 **Was macht dich glücklich? Ergänzen Sie.**

a Der Anruf einer gut...... Freundin, wenn es mir nicht gut geht.
b Ich liebe es, mitten im Winter trotz kalt...... Temperaturen Eis zu essen.
c Das Lachen meines klein...... Sohnes. Da vergesse ich alle Sorgen.
d Dass ich innerhalb eines halb...... Jahres zweimal Urlaub gemacht habe. Das macht mich glücklich.
e Mich am Ende einer lang...... Arbeitswoche abends auf die Couch zu legen und klassische Musik zu hören.

... der tolle Strand

„... der tolle Strand,
das gute Essen und die
schönen Berge. Nur
eins stört wirklich:
diese vielen Touristen!"

		Nominativ		Akkusativ		Dativ		Genitiv	
Singular	maskulin	der tolle	Strand	den tollen	Strand	dem tollen	Strand	des tollen	Strandes
	neutral	das gute	Essen	das gute	Essen	dem guten	Essen	des guten	Essens
	feminin	die gute	Luft	die gute	Luft	der guten	Luft	der guten	Luft
Plural		die schönen	Berge	die schönen	Berge	den schönen	Bergen	der schönen	Berge

auch so nach: diese-, jede-, manch-, welche-, dies-

Verwendung ➡ Adjektivdeklination nach indefinitem Artikel, Seite 34

A2 **1   In Petershofen ist nicht viel los. Ergänzen Sie.**

In der Hauptstraße ist/sind ...

maskulin	neutral	feminin	Plural
der neu*e* Kindergarten	das italienisch....... Schuhgeschäft	die alt....... Post	die zwei günstig....... Gaststätten
der nett....... Spielplatz	das klein....... Rathaus	die hübsch....... Dorfkirche	die zwei gut....... Bäckereien

A2 **2   Vielen Dank für ... Schreiben Sie.**

Das war in den Paketen: Sie bedankt sich für ...

a   die bunte Kette von Anna   *die bunte Kette*.......................................

b   der leckere Geburtstagskuchen von Iris   ....

c   die schönen Ohrringe von Gaby   ....

d   der gute Wein von Robert   ....

e   das tolle Buch von Magdalena   ....

3 Jan arbeitet gern ... Schreiben Sie.

a in – diese schöne Stadt
b mit – der lustige russische Kollege
c bei – diese bekannte Firma
d in – dieses internationale Team
e an – die neuen PCs
f mit – der nette Chef

a. in dieser schönen Stadt

4 Neu in der Stadt. Ergänzen Sie.

● Wie gefällt es dir denn in der neu*en*... Wohnung?
▲ Ach, ganz gut, aber in der alt....... Wohnung habe ich mich wohler gefühlt.
● Warum denn das?
▲ Na ja, da hatte ich die zwei groß....... Zimmer mit den hoh....... Decken und dann noch die
  schön....... Wohnküche mit dem nett....... klein....... Balkon. Aber hier habe ich nur diese klein.......
  Wohnung gefunden.
● Und wie ist die neu....... Arbeit? Hast du nett....... Kollegen?
▲ Ja, sehr. Vor allem meine Zimmerkollegin ist toll. Sie hat mir gleich am ersten Tag die ganz.......
  Firma erklärt. Also, alles in allem bin ich zufrieden.

5 Anzeigen. Formen Sie um.

A

Bitte melden! Katze zugelaufen!
Wo ist der Besitzer *dieser*.....
kleinen schwarzen Katze.
(diese kleine schwarze Katze)?
Bitte melden Sie sich!

B

ARD, 20:15 Uhr: Der Besuch
....
(die alte Dame). Fernsehfilm

C

Endlich! Nach zwei Jahren Renovierung ist es so weit: Am
18. November ist Wiedereröffnung ....
(das schöne Schwimmbad) im Münchner Süden. Kommen Sie und
genießen Sie ...

D

Traurig und allein?
Oder einfach mal anders Silvester feiern?
Wir feiern ab 20 Uhr gemeinsam den letzten Tag
.... (das
alte Jahr) und begrüßen zusammen den ersten
Tag ....
(das neue Jahr). Wir essen, trinken und tanzen.
Gemeinde der Himmelfahrtskirche, Tel: 089/ 7214

E

Achtung! Nicht vergessen! Nächste Woche ist unser
großer Ausflug. Die Eltern ....
.... (die teilnehmenden Kinder)
treffen sich am Dienstagabend um 19 Uhr im
Kindergarten.

heiße Würstchen   frischer Kuchen   schönes Wetter

		Nominativ	Akkusativ	Dativ	Genitiv
Singular	maskulin	frischer Kuchen	frischen Kuchen	frischem Kuchen	frischen Kuchens
	neutral	schönes Wetter	schönes Wetter	schönem Wetter	schönen Wetters
	feminin	scharfe Wurst	scharfe Wurst	scharfer Wurst	scharfer Wurst
Plural		heiße Würstchen	heiße Würstchen	heißen Würstchen	heißer Würstchen

⚠ **kein Artikelwort → Endung am Adjektiv:**

de**r** Kuchen – frisch**er** Kuchen

bei d**em** Wetter – bei schön**em** Wetter

Verwendung ➡ **Adjektivdeklination nach indefinitem Artikel, Seite 34**

A2

1 Preiswerte Angebote. Markieren Sie die Adjektivendungen und ergänzen Sie die Tabelle.

> Frisches
> **argentinisches Rindfleisch**
> 100 g nur 2,59 €

> Gute deutsche Bio-Wurst
> vom Schwein und Rind
> im 100-g-Päckchen nur 1,39 €

> Cremiger französischer
> **Weichkäse**
> 100 g nur 0,65 €

> Italienischer
> **Rotwein**
> 0,75-l-Flasche nur 4,99 €

> Frische gute
> **Landmilch**
> 1-Liter-Flasche 0,95 €

> Schöne
> **spanische Tomaten**
> 0,99 € / Kilo

> Gesundes Bio-Olivenöl
> aus Kalabrien
> 500-ml-Flasche 7,99 €

maskulin: -er	neutral: -es	feminin: -e	Plural: -e
	frisches argentinisches Rindfleisch		

2 Gute Wünsche. Was sagt man wann? Ergänzen Sie wie im Beispiel.

Begrüßung und Abschied ● Nach der Arbeit ● An Feiertagen und Festen ● Bei Krankheit ●
In einem Brief ● Vor einer Reise

A *Nach der Arbeit*
Schön*es* Wochenende
Schön...... Feierabend

B ....
Herzlich...... Grüße
Schön...... Grüße an Ihre Frau!

C ....
Fröhlich...... Weihnachten!
Froh...... Ostern!
Schön...... Feiertage!
Gut...... neu...... Jahr!
Herzlich...... Glückwunsch zum Geburtstag!

D ....
Gut...... Besserung

E ....
Gut...... Flug
Gut...... Reise
Schön...... Ferien
Gut...... Fahrt
Hoffentlich habt ihr gut...... Wetter!
Angenehm...... Aufenthalt
Schön...... Zeit

F ....
Gut...... Morgen
Gut...... Tag
Gut...... Abend
Gut...... Nacht

3 Wie möchten Sie wohnen? Ergänzen Sie.

1
Ich träume von einem
Haus mit groß....
Garten. Das wäre
wunderbar.
R. Luber, München

2
Renoviert.... Altbauwohnung mit
hoh.... Decken oder modern.....
Neubau mit hell.... Zimmern?
Das ist uns egal. Hauptsache im
Stadtzentrum!
G. Wormer und T. Friedrich, Stuttgart

3
Ich hätte gern ein kleines,
einfaches Häuschen auf dem
Land. Außer warm.... Was-
ser und gesund.... Essen
brauche ich nicht viel.
P. Simpel, Dresden

4 Mietangebote. Ergänzen Sie.

a
Toll.*e*.... 2-Zimmer-
Whg. (54m²) in
zentral........,
ruhig...... Umgebung.
EBK, Parkett. 500 €
kalt. Von privat.

b
Studenten-WG sucht
nett...... Mitbewohner
ab Anfang nächst......
Monats für klein......,
aber sonnig......
Zimmer. 200 € warm.

c
Träumen Sie auch vom
eigenen Häuschen in
der Stadt? Klein......,
hübsch...... Haus für
1–2 Personen mit
groß......, wild......
Garten. Von privat.

d
Möbliert...... Ferien-
appartement.
Groß...... Schlafzim-
mer mit neu......
Couch, hell......,
freundlich...... Küche.
Garten. Ideal für
klein......
Familie. Mtl. 250 €.

groß   größer   am größten

Mit Adjektiven kann man etwas vergleichen. Dazu benutzt man die Adjektive im Komparativ (*größer*) oder im Superlativ (*am größten*).

Steigerung:	
+ 🐟 + + 🐟 + + + 🐟	Dein Fisch ist groß, aber meiner ist größer und Papas Fisch ist am größten.
Vergleich: + 🐟 = + 🐟	Dein Fisch ist (genau)so groß wie meiner.
Vergleich mit Nebensatz ➡ **Nebensätze, ab Seite 126**	Der Fisch war nicht so groß, wie ich erwartet hatte.
Vergleich: + + 🐟 ≠ + 🐟	Mein Fisch ist größer als deiner.
Vergleich mit Nebensatz	18 Kilo! Der Fisch ist doch schwerer, als ich gedacht habe.
Komparativ attributiv ➡ **Adjektive, ab Seite 34**	Haben Sie keine größeren Fische?
Superlativ attributiv ➡ **Adjektive, ab Seite 34**	Die größten Fische bekommt man bei „Fisch Hein".

Adjektiv +	Komparativ ++	Superlativ +++	
	Adjektiv + **-er**	**am** + Adjektiv + **-sten**	
klein	kleiner	am kleinsten	
jung	jünger	am jüngsten	Bei einsilbigen Adjektiven oft:
alt	älter	am ältesten	a → ä, o → ö, u → ü
gesund	gesünder	am gesün**d**esten	-d, -t, -s, -ß, -sch, -x, -z + **-esten**
teuer	teurer	am teuersten	⚠ am größten
hoch	höher	am höchsten	
nah	näher	am nächsten	
dunkel	dunkler	am dunkelsten	
gut	besser	am besten	
gern	lieber	am liebsten	
viel	mehr	am meisten	

A2 **1** *schnell, schneller, am schnellsten.* Ergänzen Sie.

a	kalt	*kälter* .... *am kältesten*	f	groß	....
b	schön	....	g	praktisch	....
c	gern	....	h	voll	....
d	gut	....	i	nett	....
e	sauber	....	j	viel	....

A2 **2** Unterschiede? Ergänzen Sie in der richtigen Form mit *so ... wie* oder *als*.

> teuer ● viel ● klein ● gern ● lang ● sauer ● gern ● viel ● schön

a   Ein Auto ist ..*teurer als*.... ein Fahrrad.

b   Schokolade oder Eis? Das mag ich beides gern. Ich mag Eis ..*so gern wie*... Schokolade.

c   Eine Maus 🐭 ist .... ein Elefant. 🐘

d   Eine Schlange 🐍 ist .... ein Regenwurm. 🪱

e   Der Computer kostet 599 Euro. Der Laptop auch. Der Computer kostet .... der Laptop.

f   Eine Zitrone ist .... eine Orange.

g   In New York wohnen .... Menschen .... in München.

h   Ich trinke abends .... Tee .... Kaffee. Sonst kann ich nicht schlafen.

i   Das gelbe T-Shirt finde ich schön. Das blaue aber auch. Ich finde das gelbe T-Shirt .... das blaue.

A2 **3** Ein Fragebogen. Ergänzen Sie.

a	Was isst du *am liebsten*.......... ? (gern)		Gemüse, Obst und Schokolade.
b	Welches Land findest du .... ? (schön)		Mein Heimatland.
c	Welche Filme findest du .... ? (interessant)		Dokumentarfilme über andere Länder.
d	Welcher Sport interessiert dich .... ? (wenig)		Boxen.

B1 **4** Männer! Ergänzen Sie.

Ich habe ...

a   ein schnelles Auto.

b   eine teure Uhr.

c   ein großes Haus.

d   einen intelligenten Sohn.

Ich habe ...

a   ein *schnelleres*................. Auto.

b   eine .... Uhr.

c   ein .... Haus.

d   einen .... Sohn.

B1 **5** In der Stadt. Ergänzen Sie im Superlativ.

a   In der Pizzeria Europa gibt es die .*beste*...........
(gut) Pizza. Nicht vergessen: Montag ist
Pizzatag.

b   Malermeister Heinz Pinsel: Der ....
(nett), ... (schnell) und
.... (preiswert) Maler weit
und breit. Anruf genügt!

c   Im Cinema laufen immer die
.... (aktuell) Kino-
filme.

d   Fit & Well – das .... (toll) Sport-
studio mit den ....
(modern) Fitness-Geräten aus den USA.

4 *kochend* **oder** *gekocht?*

kochen
→ kochend (Partizip Präsens)
→ gekocht (Partizip Perfekt)

das kochende Wasser   der gekochte Schinken

Das Partizip Präsens und das Partizip Perfekt kann man als Adjektive verwenden. Man dekliniert sie dann auch wie Adjektive.

Partizip Präsens als Adjektiv	Ich lege den Schinken in das kochende Wasser.	Das Wasser kocht gerade. Etwas passiert jetzt oder gleichzeitig.
Partizip Perfekt als Adjektiv	Ich hätte gern 200 Gramm gekochten Schinken.	Der Schinken wurde gekocht. Etwas ist schon passiert/beendet.

		Beispiele
Partizip Präsens als Adjektiv Infinitiv + **d** + Adjektivendung	kochen → kochend-	das kochende Wasser
Partizip Perfekt als Adjektiv Partizip Perfekt + Adjektivendung	kochen → gekocht- braten → gebraten-	der gekochte Schinken die gebratenen Nudeln

➡ **Adjektivdeklination, ab Seite 34, und Perfekt, ab Seite 50**

Adjektivdeklination, ab Seite 34, und Perfekt, ab Seite 50

B1

1 Anzeigen und mehr. Markieren Sie das Partizip Präsens **und das** Partizip Perfekt**.**

A
M.A.M.A.
DAS Magazin für werdende Mütter.
Jetzt neu!

B
Möbliertes 1-Zimmer-Appartement
zu vermieten. Zentrumsnah.
Tel: 030/6581142

C
**Bitte langsam fahren!
Spielende Kinder!**

D
Winterschlussverkauf
Alle reduzierten Stiefel jetzt
noch mal 20% günstiger.
Jetzt zugreifen und sparen!

E
Liebe Frau Wilke,
Frohe Weihnachten und
alles Gute für
das kommende Jahr.
Ihre Familie Reitberger

F
Hallo Frau Stieler,
leider kann ich morgen
nicht zu unserem verein-
barten Treffen kommen.
Könnten wir den Termin
um eine Woche ver-
schieben?
Mit freundlichen Grüßen
Barbara Zimmer

2 *sinkend – gesunken*. **Was bedeutet das Gleiche? Kreuzen Sie an.**

<u>a</u> Berliner Zoo: Gestiegene Besucherzahlen wegen Eisbärenbaby Kurt.
→☐ Die Zahl der Besucher steigt. /☒ Die Zahl der Besucher ist gestiegen.

Kurt ist erwachsen! Trotzdem steigende Besucherzahlen!
→☐ Die Zahl der Besucher steigt. /☐ Die Zahl der Besucher ist gestiegen.

<u>b</u> Die Ratten verlassen das sinkende Schiff.
→☐ Das Schiff sinkt jetzt. /☐ Das Schiff ist schon gesunken.

Das gesunkene Schiff liegt seit 300 Jahren auf dem Meeresboden.
→☐ Das Schiff sinkt jetzt. /☐ Das Schiff ist schon gesunken.

3 **Im Park. Was sehen Sie? Ergänzen Sie in der richtigen Form.**

schlafen ● spielen ● weinen ● baden ● lesen ● blühen

(1) ein *weinendes* .... Kind

(2) einen .... Mann

(3) .... Kinder

(4) eine .... Frau

(5) .... Hunde

(6) .... Bäume

4 **Eine eilige E-Mail vom Chef. Ergänzen Sie in der richtigen Form.**

unbezahlt ● bestellt ● reserviert ● benutzt ● vereinbart

Guten Morgen Frau Rasch,

ich bin heute in Frankfurt, daher meine Bitten schnell per E-Mail.

Könnten Sie bitte als Erstes das .... Geschirr von gestern aus dem Konferenz-
saal räumen? Dann bitte gleich den für heute .... Termin bei meinem Zahnarzt
absagen. Und sehen Sie bitte nach, ob das *bestellte* .... Material von der Firma Groß
schon angekommen ist. Überweisen Sie bitte heute auch noch die .... Rechnung an Paul & Co. Zum Schluss noch eine große Bitte: Könnten Sie bitte die
.... Theaterkarten für meine Frau und mich in der Stadt abholen? Ganz herzlichen Dank. Bis morgen.

Rainer Binder

Er ist der Richtige.

Adjektive und Partizipien können auch als Nomen verwendet werden. Sie werden wie Adjektive dekliniert und großgeschrieben.

Adjektiv als Nomen	Er hat schon wieder eine Neue.	eine neue Freundin
	Meine Schwester hat auch schon wieder einen Neuen.	einen neuen Freund

Weitere häufig verwendete Beispiele:

ein Angestellter, eine Angestellte	ein Deutscher, eine Deutsche
ein Erwachsener, eine Erwachsene	ein Jugendlicher, eine Jugendliche
ein Reisender, eine Reisende	ein Verwandter, eine Verwandte

➡ **Adjektivdeklination, ab Seite 34**

Formen

		Nominativ		Akkusativ		Dativ		Genitiv	
Singular	maskulin	ein	Neuer	einen	Neuen	einem	Neuen	eines	Neuen
		der	Neue	den	Neuen	dem	Neuen	des	Neuen
	feminin	eine	Neue	eine	Neue	einer	Neuen	einer	Neuen
		die	Neue	die	Neue	der	Neuen	der	Neuen
Plural		–	Neue	–	Neue	–	Neuen	–	Neuer
		die	Neuen	die	Neuen	den	Neuen	der	Neuen

1 Nicht immer das Gleiche ... Ergänzen Sie.

a Warum kommst du so spät? Es ist doch immer das ..*Gleiche*............. mit dir.   gleich

b Anna ist erst fünf Jahre alt? Ich dachte, die .... wäre schon acht.   klein

c Weißt du was? Mein Bruder ist seit letzter Woche arbeitslos. Das ....   gut
ist nur, dass seine Frau auch arbeitet und relativ viel verdient.

d Sabine heiratet? Wer ist denn der ....?   glücklich

e Rosa hat endlich einen Freund. Das .... ist nur, dass der Mann   dumm
bald beruflich in eine andere Stadt zieht.

2 Kurz notiert. Ergänzen Sie in der richtigen Form.

> arbeitslos ● berufstätig ● deutsch ● jugendlich ● verletzt ● verwandt

A

Erfreulich! Die Bundesagentur für Arbeit gibt bekannt: Immer mehr
..*Berufstätige*............,
immer weniger

....

B

Achtung Eis und Schnee!

Durch den plötzlichen Winter-
einbruch gab es auf Österreichs
Straßen wieder viele Unfälle mit

vielen ....

C

Sommerfest im Kindergarten
Regenbogenland

am 18. Juli ab 15 Uhr.

Freunde und ....

sind herzlich eingeladen!

D

THERME AQUA AND SOUL IN WERDING
NEU: AN JEDEM ERSTEN SONNTAG IM MONAT
FREIER EINTRITT FÜR FAMILIEN, KINDER UND
.... BIS 14 JAHRE.

E

Interkultureller Stammtisch in der
Versöhnungskirche Milbertshausen:
Jeden Donnerstag (19:30 – 21 Uhr) für
.... und Bürger mit
nicht-deutschem Pass. Alle sind herzlich
eingeladen.

3 Wer ist das? Ein Silbenrätsel. Finden Sie die Partizipien und ergänzen Sie die richtige Form.

> an ● be ● be ● ge ● kannt ● fort ● ken ● stellt ● ge ● trun ● schrit ● ver ● wandt ● ten

a Ich arbeite in einem Supermarkt. Ich bin ..*Angestellter*............ 🚹 / ..*Angestellte*............ 🚺

b Ich kenne Carsten und Vera, aber sie sind keine guten Freunde von mir, sondern Carsten ist ein
.... 🚹 und Vera ist eine .... 🚺 .

c Ich habe sehr viele Tanten, Onkel, Cousinen und Cousins, aber Christoph ist mein Lieblings-
.... 🚹 und Tina meine Lieblings........................ 🚺 .

d Jemand, der zu viel Alkohol getrunken hat und nicht mehr gerade gehen kann, ist ein
.... 🚹 / eine .... 🚺 .

e Der Kurs B1 ist nicht für Anfänger geeignet, sondern nur für einen .... 🚹
oder eine .... 🚺 .

Das Präsens *(ich bin, du machst, Sie sprechen ...)* hat folgende Bedeutungen:

jetzt	Holger sitzt in der Kneipe und trinkt ein Bier.
bis heute	Holger wohnt schon 40 Jahre in Duisburg.
Das ist immer gültig.	Duisburg ist eine Stadt in Deutschland.
Zukunft	Holger geht heute Abend allein nach Hause.

→ Futur, Seite 60

Regelmäßige Verben

	„normale" Verben	Verben auf -d/-t	Verben auf -s/-ß	Verben auf -ern/-eln	
	kommen	arbeiten	heißen	klettern	sammeln
ich	komme	arbeite	heiße	klettere	sammle
du	kommst	arbeitest	heißt	kletterst	sammelst
er/es/sie	kommt	arbeitet	heißt	klettert	sammelt
wir	kommen	arbeiten	heißen	klettern	sammeln
ihr	kommt	arbeitet	heißt	klettert	sammelt
sie/Sie	kommen	arbeiten	heißen	klettern	sammeln

Verben mit Vokalwechsel

	e → ie	e → i	a → ä
	sehen	helfen	fahren
ich	sehe	helfe	fahre
du	siehst	hilfst	fährst
er/es/sie	sieht	hilft	fährt
wir	sehen	helfen	fahren
ihr	seht	helft	fahrt
sie/Sie	sehen	helfen	fahren

Besondere Verben

	sein	haben	werden
ich	bin	habe	werde
du	bist	hast	wirst
er/es/sie	ist	hat	wird
wir	sind	haben	werden
ihr	seid	habt	werdet
sie/Sie	sind	haben	werden

auch so: e → ie: empfehlen, lesen, ...

        e → i: sprechen, treffen, ...

        a → ä: schlafen, schlagen, ...

→ Liste der unregelmäßigen Verben, ab Seite 148

A1 **1** **Kurze Informationen. Was passt? Kreuzen Sie an.**

a	Er	☐ heißen	☐ heiße	☒ heißt		Ricardo Yañez.
b	Sie	☐ sind	☐ seid	☐ bist		aus China.
c	Ich	☐ studierst	☐ studiere	☐ studiert		in Hamburg.
d	Wir	☐ leben	☐ lebt	☐ lebst		seit drei Jahren in Madrid.
e	Ihr	☐ arbeitet	☐ arbeiten	☐ arbeitest		in Dresden.
f	Du	☐ habe	☐ hast	☐ habt		zwei Kinder.
g	Sie	☐ spricht	☐ sprichst	☐ spreche		schon gut Deutsch.

A1 **2** *haben oder sein*? **Das ist hier die Frage. Ergänzen Sie in der richtigen Form.**

a ● .... du schon lange hier? ▲ Nein, ich .... erst seit 5 Minuten hier.

b ● .... du Geschwister? ▲ Ja, ich .... drei Brüder.

c ● Was .... er von Beruf? ▲ Er .... Programmierer.

d ● .... ihr morgen im Büro? ▲ Nein, wir .... morgen nicht da.

e ● .... Sie heute Abend zu Hause? ▲ Ja, heute Abend .... ich zu Hause.

f ● .... Frau Wotan Kinder? ▲ Nein, sie .... keine Kinder.

g ● Wo .... Frau Reich und Herr Geier ▲ Sie .... ihr Büro im zweiten Stock.
ihr Büro?

h ● .... das Auto alt? ▲ Ja, es .... schon 15 Jahre alt.

A1 **3** **Interview: Was machen Sie in Ihrer Freizeit?**

a **Welche Verben können einen Vokalwechsel haben? Markieren Sie.**

A   Christian P., 24: In meiner Freizeit? Da sehe ich gern fern. Und ich schlafe morgens lange. Unter der Woche muss ich immer so früh aufstehen.

C   Stefan K., 34: Leider habe ich nicht so viel Zeit. Aber am Wochenende koche ich gern und oft. Ich esse nämlich sehr gern.

B   Rena V., 44: Ich arbeite viel und habe wenig Freizeit. Abends nehme ich dann oft ein heißes Bad. Das ist wunderbar!

D   Robert A., 54: Ich arbeite viel und habe keine Familie. Also treffe ich in meiner Freizeit oft meine Freunde. Ich helfe auch gern anderen Menschen. Neben mir wohnt eine alte Frau. Für sie gehe ich oft einkaufen.

b **Machen Sie eine Tabelle mit den unterstrichenen Verben.**

	ich	du	er/sie
sehen	sehe	siehst	sieht
schlafen			

A1 **4** **Sonntagnachmittag um vier. Was machen die Leute? Schreiben Sie Sätze.**

a Peter / schlafen / vor dem Fernseher

b Herr Zimmer / Zeitung / lesen / auf der Terrasse

c Rosalie / einen Brief / schreiben / an ihre Tante

d Tim / seine Freunde / treffen / in der Stadt

e Frau Zimmer / eine Tasse Tee / trinken

a Peter schläft vor dem Fernseher.

Lovestory oder **Kurzes Glück**

Um 15 Uhr kommt der Zug an. | Herr Meier steigt aus. Frau Herzl holt ihn ab. | Um 18 Uhr kommen sie zum Bahnhof zurück. Herr Meier steigt ein. | Der Zug fährt ab.

Viele Verben haben eine Vorsilbe, z.B. *an-, aus-, ab-, zurück-, ein-, be-.*

Viele Vorsilben sind trennbar:
an ✂ kommen
Um 15 Uhr kommt der Zug an.

Einige Vorsilben sind nicht trennbar:
bekommen
Frau Herzl bekommt Besuch.

kommen
ankommen
bekommen
herkommen
mitkommen
zurückkommen

A   Trennbare Vorsilben

ab-	ab ✂ fahren	hin-	hin ✂ fahren	vorbei-	vorbei ✂ fahren
an-	an ✂ kommen	los-	los ✂ fahren	weg-	weg ✂ fahren
auf-	auf ✂ stehen	mit-	mit ✂ bringen	weiter-	weiter ✂ fahren
aus-	aus ✂ steigen	nach-	nach ✂ denken	zu-	zu ✂ machen
ein-	ein ✂ steigen	um-	um ✂ steigen	zurück-	zurück ✂ kommen
her-	her ✂ kommen	vor-	vor ✂ ziehen	zusammen-	zusammen ✂ packen

➜ **Partizip Perfekt, Seite 54**

B   Nicht trennbare Vorsilben

| be- | besuchen | er- | erzählen | ver- | verstehen |
| ent- | entscheiden | ge- | gefallen | zer- | zerstören |

Verben mit nicht trennbaren Vorsilben haben oft eine völlig andere Bedeutung als die gleichen Verben ohne Vorsilbe: *verstehen* hat nichts mit *stehen* zu tun.

Wortstellung

		Position 2		Ende		Position 2		Ende
Präsens	Er	steigt	um 12 Uhr	aus.	Sie	bekommt	ein Geschenk.	
	Er	kann	im Zug	nachdenken.	Sie	können	sich alles	erzählen.
Perfekt	Jetzt	ist	er leider	weggefahren.	Er	hat	Frau Herzl oft	besucht.

➜ **Wortstellung, ab Seite 116**

A1 **1 Brief an eine Freundin**

a Unterstreichen Sie die trennbaren Verben und die nicht trennbaren Verben.

Liebe Lina,
seit drei Wochen bin ich jetzt schon in London und es gefällt mir total gut hier! Meine Au-pair-Familie ist sehr nett und ich muss nicht so viel arbeiten :-). Also: Um halb sieben stehe ich auf und mache das Frühstück. Dann räume ich die Wohnung auf. Dreimal pro Woche besuche ich einen Sprachkurs. Der macht echt Spaß! Um 16 Uhr hole ich die Kinder von der Schule ab und wir sprechen über die Hausaufgaben. Das ist immer lustig, denn ich verstehe nicht alles und die Kinder müssen mir viel erklären. Abends habe ich frei. Manchmal gehe ich dann mit ein paar Freundinnen weg oder sehe fern. Und wie geht es Dir? Schreib mir bald und vergiss mich nicht! Deine Bine

b Machen Sie eine Tabelle.

trennbare Verben	nicht trennbare Verben	Infinitiv
	gefällt	gefallen
stehe ... auf		aufstehen

A1 **2 Wo sind denn alle? Ergänzen Sie.**

● Wie ...sieht............ es denn hier ..aus...? Wo sind denn alle? (aussehen)
▲ Herr Meier ist am Flughafen. Er .... Herrn León ....
   Das Flugzeug .... um 11 Uhr 15 .... (abholen, ankommen)
● Aha, und Frau Röttger?
▲ Sie .... gerade im Supermarkt .... Wir haben keine
   Milch und keinen Kaffee mehr. (einkaufen)
● Was? Jetzt? Und Frau Knopp?
▲ Sie zeigt dem neuen Praktikanten die Firma. Der .... doch
   heute .... (anfangen)
● Stimmt, das habe ich ja völlig vergessen. Wissen Sie was, Frau Berger? Ich gehe jetzt zum Essen.
   .... Sie ....? Ich .... Sie .... (mitkommen, einladen)

A2 **3 Trennbar oder nicht? Ergänzen Sie in der richtigen Form.**

a anrufen   ▲ .Ruf.................. bitte Herrn Müller .an....
              ● Schon wieder? Ich habe ihn doch schon zweimal ....
b erklären   ▲ Frau Walter, bitte .... Sie mir noch mal die trennbaren Verben ....
              ● Ach, Rita, die habe ich doch schon so oft ....
c wegfahren ▲ .... ihr im Sommer auch wieder ....?
              ● Nein, wir sind dieses Jahr schon im Winter ....
d beginnen   ▲ Wann .... denn der Film ....?
              ● Der hat schon vor einer halben Stunde ....

B1 **4 Ergänzen Sie die passende Vorsilbe.**

Ich gehe einkaufen. Kommst du .mit..?
Du gehst auch zu Petras Party? Und wie kommst du da ....?
Weißt du, wann Hannes am Bahnhof ....kommt?
Georg, kannst du mal bitte ....kommen? Ich möchte dich etwas fragen.

an ●	hin ●
her ●	mit

Und er hat es
geglaubt.

Fliegen ist ganz
einfach, hat sie
gesagt.

Mit dem Perfekt (*hat gesagt, hat geglaubt*) sagt man, was in der Vergangenheit passiert ist.

Vergangenheit: gestern, letzte Woche, …	Sie hat gesagt, Fliegen ist ganz einfach.
	sie hat gesagt = **Perfekt** von *sagen*

So bildet man das Perfekt mit *haben* (*hat gesagt*):

	haben +	Partizip Perfekt
ich	habe	
du	hast	
er/es/sie	hat	gemacht, gefrühstückt,
wir	haben	getrunken, gegessen, …
ihr	habt	
sie/Sie	haben	

Infinitiv → Partizip Perfekt	Formen	Beispiel	auch so
machen → gemacht	ge-…-(e)t	Was hast du gemacht?	Regelmäßige Verben: arbeiten → gearbeitet fragen → gefragt
nehmen → genommen	ge-…-en	Warum hast du nicht den Bus genommen?	Unregelmäßige Verben: helfen → geholfen schreiben → geschrieben
denken → gedacht	ge-…-t	Was hast du dir dabei gedacht?	Mischverben: **bring**en → **gebracht** **kenn**en → **gekannt** **brenn**en → **gebrannt** **wiss**en → **gewusst**

Lernen Sie die unregelmäßigen Verben, die Sie oft brauchen. Eine Übersicht finden Sie ab Seite 148.

Wortstellung

	Position 2		Ende
Er	hat	es	geglaubt.

➔ Wortstellung, ab Seite 116

A1 **1** **Regelmäßige Verben. Ergänzen Sie die Perfektform.**

a kaufen → ich *habe .... gekauft...*
b hören → du ....
c warten → er ....

d lachen → wir ....
e tanzen → ihr ....
f wohnen → Sie ....

A1 **2** **Ich will aber nicht! Schreiben Sie Sätze im Perfekt.**

a ● *Hast du schon deine Hände gewaschen..?* ▲ Ich will meine Hände nicht waschen!
b ● ....? ▲ Ich will nicht frühstücken!
c ● ....? ▲ Ich will meinen Tee nicht trinken!
d ● ....? ▲ Ich will Tante Lisa nicht schreiben!
e ● ....? ▲ Ich will meine Hausaufgaben nicht machen!

A1 **3** **Alles Perfekt. Was passt? Ordnen Sie zu und ergänzen Sie.**

a ● Was sprichst du besser? Spanisch oder Englisch?

b ● Ich muss Frau Maier vor dem Urlaub noch unseren Schlüssel bringen.

c ● Sagt mal, wisst ihr eigentlich: Oli und Suse heiraten morgen.

d ● So, dieses Spiel will ich gewinnen!

▲ Was? Die heiraten morgen? Nein, das haben wir nicht ....

▲ Früher habe ich mal sehr gut Spanisch .... Aber ich denke, heute spreche ich besser Englisch.

▲ Dieses Spiel? Du hast doch schon die ganze Zeit ....

▲ Das musst du nicht. Den habe ich ihr gestern schon ....

A2 **4** **Post aus dem Urlaub**

a Ergänzen Sie die Perfektformen.

Liebe Stefanie,
morgen ist unser super Sommerurlaub leider schon vorbei. Aber die 14 Tage hier auf Gran Canaria waren wirklich toll. In der ersten Woche .... wir ein Auto .... (mieten). Damit .... wir ein paar schöne Ausflüge .... (machen). Ich .... gar nicht .... (wissen), dass die Insel so schön ist. Wir .... fast ganz Gran Canaria .... (sehen). In den zwei Wochen .... Martin und ich auch sehr nette Leute .... (treffen). Mit ihnen .... wir am Strand oft Volleyball .... (spielen) oder wir .... abends noch zusammen draußen .... (sitzen). Und das Essen ist hier auch so lecker. Ich .... die ganze Zeit nur .... (essen). Und weißt Du was? Ich .... fünf Bücher .... (lesen). Super, oder? Am schönsten ist aber: Ich .... keine Minute an die Arbeit .... (denken)!!! Ich hoffe, dass Ihr auch so schöne Ferien hattet.
Ganz liebe Grüße und bis bald! Deine Anne

b Ergänzen Sie die Tabelle mit den Verben aus dem Brief. Ist das Verb regelmäßig, unregelmäßig oder ist es ein Mischverb? Kreuzen Sie an.

Infinitiv	Präsens	Perfekt	regelmäßig	unregelmäßig	Mischverb
mieten	er mietet	hat gemietet	x		

5   *Wer ist über das Bett gelaufen?*

So bildet man das Perfekt mit *sein (ist gelaufen)*:

	sein +	Partizip Perfekt
ich	bin	
du	bist	
er/es/sie	ist	gerannt, gefahren,
wir	sind	gelaufen, geblieben ...
ihr	seid	
Sie/sie	sind	

Wann verwendet man das Perfekt mit *haben*, wann mit *sein*?

A

Perfekt mit *sein*		
Ortswechsel A → B	Wer ist über das Bett gelaufen?	fahren → gefahren fliegen → geflogen gehen → gegangen kommen → gekommen ...
Zustandswechsel	Sie ist gerade erst eingeschlafen.	aufwachen → aufgewacht aufstehen → aufgestanden aussteigen → ausgestiegen ...
andere Verben	Wie ist denn das passiert?	sein → gewesen bleiben → geblieben werden → geworden geschehen → geschehen passieren → passiert sterben → gestorben gelingen → gelungen

B

Perfekt mit *haben*	
die meisten Verben	Die Katze hat den Fisch gegessen.
alle reflexiven Verben (Verben mit *sich*)	Die Katze hat sich versteckt.

➡ Liste der unregelmäßigen Verben, ab Seite 148
➡ Perfekt (3), Seite 54

A1 **1** **Fragenpuzzle. Schreiben Sie Sätze.**

a ● ....?

(Wann / du / gestern Abend / nach Hause / kommen)

▲ Erst sehr spät. ....(Ich / zu Fuß / gehen)

.... (Der Bus / nicht mehr / fahren)

b ▲ Warum ....?

(Ralf / so früh aus dem Urlaub / zurückkommen)

● ....

(er / krank werden / und zurückfliegen)

c ▲ ....?

(ihr / mit dem Auto nach Portugal / fahren)

● Nein, ... (wir / fliegen) Mit dem Auto dauert das zu lange.

A2 **2** **Morgens im Büro. Ergänzen Sie *haben* oder *sein* und das Partizip Perfekt.**

Lydia:	Guten Morgen, Vera, na, ..*habt*.... ihr gestern noch lange ..*gearbeitet*................? (arbeiten)
Vera:	Ja leider, bis 12 Uhr nachts! Aber wir .... mit allem fertig .... (werden)
Lydia:	Echt? Super! Ich war gestern noch im Kino. Robert .... mich .... Danach .... wir noch in die WunderBar .... War total nett. ☺ Du, gehen wir heute zusammen Mittagessen? (einladen, gehen)
Vera :	Ich .... vorhin mit Sven .... Wir treffen uns um 12 im Café Savigny. Kommst du mit? (sprechen)
Lydia:	Au ja, im Savigny .... ich schon mal .... Mmmmh! Holst du mich ab? (essen)
Vera :	Ok. Bis später. ☺

A2 **3** **Eine Reise nach Istanbul. Ergänzen Sie *haben* oder *sein* und das passende Verb.**

nehmen ● frühstücken ● kaufen ● abfahren ● einsteigen ● bringen ● gehen ● sehen ● schlafen ● spielen ● lesen ● ankommen

Wir ..*haben*.... ein Taxi ..*genommen*............. Das Taxi .... uns zum
Bahnhof .... Dort .... wir uns ein paar Zeitschriften
.... Dann .... wir in den Zug ....
Um 5:30 Uhr .... der Zug .... Im Speisewagen
.... wir .... Den ganzen Tag .... wir Karten
......................., aus dem Fenster .... oder Zeitung
.... In den Zugbetten .... wir schlecht
.... Aber wir .... gut in Istanbul ....
Und am Morgen .... wir gleich zur Hagia Sophia ....

So bildet man das Partizip Perfekt der trennbaren Verben, der nicht trennbaren Verben und der Verben auf *-ieren*:

Infinitiv → Partizip Perfekt	Formen	Beispiel
	Trennbare Verben	
zu✂machen → zugemacht	regelmäßig: Vorsilbe + ge-...-(e)t	Ich habe ganz fest die Augen zugemacht.
aus✂sehen → ausgesehen	unregelmäßig: Vorsilbe + ge-...-en	Er hat schrecklich ausgesehen.
	Nicht trennbare Verben:	
begegnen → begegnet	regelmäßig: Vorsilbe + ...-t	Sie ist einem Vampir begegnet.
erschrecken → erschrocken	unregelmäßig: Vorsilbe + ...-en	Der Mann ist erschrocken.
reagieren → reagiert	**Verben auf *-ieren*:** ...-t	Wie haben Sie reagiert?

➡ **Trennbare/nicht trennbare Verben, Seite 48**
➡ **Liste der unregelmäßigen Verben, ab Seite 148**

⚠ Verben auf *-ieren* bilden das Perfekt immer mit *haben*:
telefonieren: Ich **habe** gestern mit meinem Vater telefoniert.
Es gibt eine Ausnahme: passieren: Das **ist** letzte Woche passiert.

Notieren Sie die Verbformen mit Varianten und Beispielen. Die Grundform des Partizips bleibt auch bei den Varianten gleich:

suchen – gesucht	Ich habe meinen Hund gesucht.
versuchen – versucht	Nein, das habe ich noch nie versucht.
untersuchen – untersucht	Der Arzt hat mich sehr lange untersucht.

A2 **1** **Trennbar oder nicht trennbar? Kreuzen Sie an und ergänzen Sie das Partizip Perfekt.**

		trennbar	nicht trennbar	Partizip Perfekt
a	mitbringen	X		hat mitgebracht
b	bestehen			....
c	umsteigen			....
d	aufschreiben			....
e	gehören			....
f	erreichen			....
g	anfangen			....
h	stattfinden			....
i	verlieren			....
j	entschuldigen			....

A2 **2** **Tschüs, Mama. Ergänzen Sie das Verb im Partizip Perfekt.**

a ● Räum bitte noch dein Zimmer auf. ▲ Das habe ich doch schon *aufgeräumt*.
b ● Kaufst du bitte noch ein? ▲ Ich habe doch schon ....
c ● Bringst du bitte noch den Müll weg? ▲ Ich habe ihn schon ....
d ● Und mach die Musik aus, wenn du gehst. ▲ Mama, die habe ich schon ....
e ● Zieh dich warm an. Heute Abend wird es kalt. ▲ Schau mich an, ich habe mich doch warm
....
f ● Na, dann. Verpass den Bus nicht! ▲ Den habe ich gerade ....

A2 **3** **Kurze Gespräche. Was passt zusammen? Ergänzen Sie.**

ab ● an ● mit ● an ● ein   bringen ● ziehen ● stellen ● fallen ● rufen

a ● Hat Herr Klöbner von Techno Consult schon ...*angerufen*........?
  ▲ Ja, vor ein paar Minuten. Sie sollen ihn bitte gleich zurückrufen.

b ● Hallo Oma, hast du mir was ....?
  ▲ Ja, mein Schatz. Schau mal in meine Tasche. Da ist etwas für dich drin.

c ● Mensch, Catarina, du hast dich ja immer noch nicht .... Jetzt beeil dich mal.
  ▲ Aber ich finde meine Jacke nicht! Weißt du, wo sie ist?

d ● Du siehst aber müde aus. Bist du zu spät ins Bett gegangen?
  ▲ Nein, aber mir sind heute Nacht so viele wichtige Sachen .... Da konnte ich
  nicht mehr schlafen.

e ● Jetzt ist es so schön warm. Ich glaube, wir brauchen die Heizung nicht mehr.
  ▲ Ja, ich habe sie auch schon ....

Da *kam* der Frosch in ihr Schlafzimmer.

Da kam der Frosch in ihr Schlafzimmer. Sie nahm den Frosch und sagte …

Nichts hat sie gesagt! Sie hat mich einfach an die Wand geworfen!

Mit dem Präteritum (*sagte, kam*) und dem Perfekt (*hat gesagt, ist gekommen*) sagt man, was in der Vergangenheit passiert ist.

Gegenwart	Vergangenheit	
Präsens	Präteritum	Perfekt
Sie nimmt den Frosch und sagt …	Sie nahm den Frosch und sagte …	Sie hat den Frosch genommen und gesagt …

Wann verwendet man eher das Perfekt, wann das Präteritum?

Das Perfekt
- hört man oft in Gesprächen
- liest man oft in einem persönlichen Brief

Das Präteritum
- hört man oft in Nachrichten
- liest man oft in der Zeitung, in Büchern, in Biografien, in Geschichten
- in der gesprochenen Sprache oft bei den Verben:
  sein (war), haben (hatte), werden (wurde), wollen (wollte), sollen (sollte), müssen (musste), dürfen (durfte), können (konnte)

Formen Präteritum

	Typ 1 regelmäßig		Typ 2 unregelmäßig		Mischverben	Besondere Verben		
	lachen	arbeiten	kommen	gehen	denken	sein	haben	werden
ich	lachte	arbeitete	kam	ging	dachte	war	hatte	wurde
du	lachtest	arbeitetest	kamst	gingst	dachtest	warst	hattest	wurdest
er/es/sie	lachte	arbeitete	kam	ging	dachte	war	hatte	wurde
wir	lachten	arbeiteten	kamen	gingen	dachten	waren	hatten	wurden
ihr	lachtet	arbeitetet	kamt	gingt	dachtet	wart	hattet	wurdet
sie/Sie	lachten	arbeiteten	kamen	gingen	dachten	waren	hatten	wurden

⚠ Die Verben auf *-ieren* sind immer regelmäßig (Typ 1):
telefonieren → er telefonierte, probieren → er probierte

Wortstellung

	Position 2	
Die Prinzessin	nahm	den Frosch in die Hand.

→ Wortstellung, ab Seite 116

1 Leben im Ausland. Nina (20) erzählt. Ergänzen Sie *haben* oder *sein* im Präteritum.

Nina, du (1) .... *viele Jahre in Venezuela. Warum?*
Meine Eltern (2) .... sechs Jahre in Caracas als Lehrer an der Deutschen Schule. Und wir
Kinder (3) .... natürlich dabei.
Toll. Erzähl mal: Wie (4) .... *das für dich und deine Geschwister? (5)* .... *das immer*
nur schön oder (6) .... *ihr vielleicht auch mal Schwierigkeiten?*
Na ja, vor allem in den ersten Wochen (7) .... ich oft sehr traurig und ich (8) .... auch
Angst. Meine Freundinnen (9) .... ja alle in Deutschland. Aber später (10) .... es für
meine Geschwister und mich toll. Das Wetter, die Menschen, die Musik. Dann (11) .... wir ja
auch Freunde und die Schule hat auch mehr Spaß gemacht.
Und (12) .... *du Probleme mit der Sprache? Ihr (13)* .... *ja auf der Deutschen Schule.*
(14) .... *ihr da auch Spanischunterricht?*
Ja, natürlich. Also, die Sprache haben wir alle schnell gelernt. In der Schule und mit Freunden. Nach
einem Jahr (15) .... das kein Problem mehr.

2 Neuanfang

a Lesen Sie den Text und markieren Sie alle Präteritum-Formen.

Mit Mitte 50 kündigte Heiner K. (67) seinen gut bezahlten Job und fing noch
einmal von vorne an – als Landwirt.
Meine Frau und ich waren schon 58, als wir uns den Bauernhof kauften. Aber
wir wollten noch mal was Neues erleben. Unser Leben bestand vorher nur aus
Stress. Oft dachte ich: Wie schön wäre es, auf dem Land mit vielen Tieren zu
leben. Zwei Jahre dauerte die Suche. Dann fanden wir unseren Traum-Hof. Es
war Liebe auf den ersten Blick und wir entschieden uns sofort, ihn zu kaufen.

b Machen Sie eine Tabelle mit den Präteritum-Formen aus dem Text. Ist das Verb regelmäßig,
unregelmäßig oder ist es ein Mischverb?

Infinitiv	regelmäßig	unregelmäßig	Mischverb
kündigen	er kündigte		
anfangen		er fing an	

3 Mini-Krimi. Markieren Sie das Verb und ergänzen Sie die Präteritum-Form.

Frau Reinhard sitzt abends im Wohnzimmer und sieht fern. Um 22 Uhr 30 wird sie
müde und beschließt, ins Bett zu gehen. Sie putzt sich die Zähne. Dann legt sie sich ins
Bett. Sie macht das Licht aus. Plötzlich hört sie leise Schritte. Sie hat große Angst. Sie
denkt: „Ein Einbrecher!" Auf einmal landet etwas Schweres neben ihr. Sie schreit laut.
Dann bemerkt sie ein leises Schnurren! Es ist nur die Katze ihres Nachbarn …

..*saß*....... (1) .... (2) .... (3) .... (4) .... (5)
.... (6) .... (7) .... (8) .... (9) .... (10)
.... (11) .... (12) .... (13) .... (14)

Ich sollte den Kuchen doch probieren.

So hatte ich das aber nicht gemeint.

Das Plusquamperfekt *(hatte gemeint)* verwendet man, wenn etwas vor einem anderen Ereignis in der Vergangenheit passiert ist.

Präteritum oder Perfekt Das ist passiert:	Plusquamperfekt Das war zuerst/vorher:
Sie suchte den Kuchen. Abends entschuldigte er sich.	Aber er hatte ihn aufgegessen. Sie war den ganzen Tag sehr wütend auf ihn gewesen.
zum Vergleich: Präsens Sie sucht den Kuchen.	Perfekt oder Präteritum Er hat ihn aufgegessen. / Er aß ihn auf.

Plusquamperfekt bei *nachdem*, *bevor* und *als* ➡ Temporalsatz, Seite 130

Formen

	hatte +	Partizip Perfekt	*war* +	Partizip Perfekt
ich	hatte	gemacht	war	gefahren
du	hattest	gearbeitet	warst	gelaufen
er/es/sie	hatte	getrunken	war	geflogen
wir	hatten	gegessen	waren	…
ihr	hattet	…	wart	
sie/Sie	hatten		waren	

➡ Perfekt und Partizip Perfekt, Seite 50–52

Wortstellung

	Position 2		Ende
Er	hatte	den Kuchen	aufgegessen.
Sie	war	den ganzen Tag wütend	gewesen.

➡ Wortstellung, ab Seite 116

B1 **1** **Was war zuerst? Was war danach? Kreuzen Sie an.**

		zuerst	danach
a	Frau Heine hatte ihren Schlüssel auf der Straße verloren.	☒	☐
	Sie suchte ihn überall.	☐	☒
b	Anne musste zum Bankautomaten.	☐	☐
	Sie hatte ihr gesamtes Bargeld in der Stadt ausgegeben.	☐	☐
c	Willi hatte den ganzen Tag nichts gegessen.	☐	☐
	Er hatte abends großen Hunger.	☐	☐
d	Jens musste ein Taxi nehmen.	☐	☐
	Er hatte den letzten Bus verpasst.	☐	☐

B1 **2** **Ein Kriminalfall. Ergänzen Sie im Plusquamperfekt.**

Kriminalkommissar Brunner sah sich das Foto immer wieder an. Wer war nur diese Frau? Er ....
sie schon einmal .... (sehen). Nur wo? Er konnte sich einfach nicht daran erinnern.
Plötzlich fiel es ihm wieder ein. Sie .... vor zwei Jahren auf der Hochzeit seines besten Freundes
.... (sein). Er .... sich sogar mit ihr .... (unterhalten), weil
sie gerade aus Australien .... (zurückkommen). Sie .... fünf
Jahre zuvor wegen eines Mannes dorthin .... (ziehen), aber die Beziehung ....
nicht .... (funktionieren). Tja, und jetzt war sie verschwunden …

B1 **3** **„Super, Kathrin!" Wie hatte Kathrin sich auf die Prüfung vorbereitet? Schreiben Sie.**

a	im Unterricht besser aufpassen	*sie hatte im Unterricht besser aufgepasst*
b	immer die Hausaufgaben machen	....
c	mit ihrer Mutter Englisch üben	....
d	vor der Prüfung englische Musik hören	....

B1 **4** **Schatz unterm Gebüsch. Markieren Sie die Verben. In welchem Tempus stehen sie?**

Der 11-jährige Jan P. machte letzte Woche beim Spielen einen besonderen Fund. Schon von Weitem hatte er etwas im Gras gesehen, und als er näher kam, entdeckte er eine Handtasche. Er lief damit zu seinen Eltern. Sie öffneten die Tasche und fanden rund 7000 Euro und diverse Kreditkarten. Die Eltern riefen sofort die Polizei, und die konnten dann auch die Besitzerin der Tasche finden. Es stellte sich heraus, dass sie Diabetikerin war und einen Zuckerschock gehabt hatte. Dabei ging ihre Handtasche verloren. Die Frau wusste hinterher nicht mehr, wo das gewesen war. Der Junge bekam 500 Euro Finderlohn. Happy End für beide.

machte: Präteritum
hatte … gesehen: Plusquamperfekt

B1 **5** **Perfekt oder Plusquamperfekt? Was ist richtig? Markieren Sie.**

a Er freute sich sehr. Denn er bekam noch zwei Karten für das Fußballspiel, obwohl man ihm schon
  Wochen vorher gesagt hat / hatte, dass es keine mehr geben würde.

b Puh, gestern war ein langer Tag. Ich habe / hatte 17 Stunden gearbeitet.

c Fast hätten wir das Flugzeug verpasst! Wir sind / waren schon fast am Flughafen angekommen und
  erst da haben wir bemerkt, dass wir die Tickets vergessen haben / hatten.

> Was machst du morgen?

> Ich werde ans Meer gehen.

> Es gibt zwei Möglichkeiten, um Zukünftiges auszudrücken: Präsens + Zeitangabe oder Futur I.

A

Präsens (+ Zeitangabe, z.B. *morgen, am Wochenende*)	
Zukunft (Das passiert sicher.)	Morgen schwimme ich im Meer. Nächstes Jahr baue ich ein neues Schiff.

B

Futur I	
Vorhersage/Vermutung, oft auch mit *wohl, vermutlich, wahrscheinlich, …*	In 20 Jahren werden wir bestimmt wieder zu Hause sein. Wir werden heute wohl nicht im Restaurant essen.
Aufforderung	Du wirst morgen endlich die Hütte putzen.
Versprechen	Ich werde dich nie verlassen.
Vorsatz / Plan	Und morgen werde ich mal wieder Fisch kochen.

Formen

	werden	Infinitiv
ich	werde	
du	wirst	
er/es/sie	wird	essen, gehen, kommen, …
wir	werden	
ihr	werdet	
sie/Sie	werden	

→ *werden*, Seite 76

Wortstellung

	Position 2		Ende
Ich	werde	dich nie	verlassen.

→ **Wortstellung, ab Seite 116**

B1 **1 Alles klar? Ordnen Sie zu.**

Vorhersage: …….. / Vermutung: …A… / Vorsatz: …….. / Versprechen: …….. / Aufforderung: ……..

A

Er wird wohl heute nicht mehr kommen.

B

Keine Sorge. Nächsten Monat werden Sie in Ihr Haus einziehen.

C

Lupo! Wirst du wohl sofort herkommen!

D

Nur noch heute. Ab morgen
werde ich ganz bestimmt
weniger essen.

E

… und am Wochenende werden
wir dann viel Sonnenschein haben
mit Temperaturen bis 25 Grad.

2 Bald 18. Gute Vorsätze. Kreuzen Sie an.

a Ich ☐ wirst ☐ werde von zu Hause ausziehen.
b Tim und Frida ☐ werden ☐ werde eine große Party machen.
c Linus ☐ wird ☐ wirst sich ein Auto kaufen.
d Sabine ☐ wirst ☐ wird einmal um die Welt reisen.
e Und du? Was ☐ werdet ☐ wirst du machen, wenn du 18 bist?

3 Versprochen! Ergänzen Sie *werden* in der richtigen Form.

a Ich ..*werde*..... immer an dich denken.
b Du .... mir so fehlen.
c Ich .... dir jeden Tag schreiben.
d Ich .... dich jeden Abend anrufen.
e Wir .... uns bald wiedersehen.
f .... er mich auch nicht vergessen?

4 Wettervorhersage. Schreiben Sie Sätze mit *werden*.

a Am Wochenende / die Temperaturen / bis auf 10 Grad / sinken
b In ganz Deutschland / es / regnen
c Am Wochenanfang / die Temperaturen / wieder auf 18 bis
20 Grad / steigen
d Die ganze Woche / die Sonne / scheinen

a Am Wochenende werden
die Temperaturen bis auf
…

5 Wo ist denn nur Tanja? Ergänzen Sie das passende Verb und *werden* in der richtigen Form.

| stehen ● kommen ● sein ● brauchen |

a Sie ..*wird*........ bestimmt im Stau .....*stehen*......................... .
b Ihre Kinder .... vielleicht wieder krank ....
c Ihr Mann .... wohl das Auto .... und sie muss mit dem Bus kommen.
d Sollen wir sie mal anrufen? – Ach was, Tanja .... bestimmt gleich .... …
Schaut, da kommt sie schon.

6 Letzte Warnung! Sonst … Formen Sie den Imperativ um. Schreiben Sie die Sätze neu.

a Hör sofort auf damit! ..*Du wirst sofort damit aufhören*................................ !
b Fahren Sie hier weg. Sie .... !
c Komm jetzt endlich her! Du .... !
d Macht sofort die Musik leiser! Ihr .... !

Ich **kann** **nicht** *warten.*

Verwendung von *können*

Möglichkeit	Sie können doch kurz warten.
	Es wird schon hell. Ich kann nicht warten.
Fähigkeit	Vampire können nachts gut sehen.
	Sie können nachts nicht schlafen.
Erlaubnis	So, jetzt können Sie reingehen.
Verbot	Einen Moment noch. Sie können jetzt hier nicht reingehen.
Bitte	Können Sie bitte zur Seite gehen?
Höfliche Bitte	Könnten Sie (bitte) zur Seite gehen?
Vorschlag, oft mit *doch*	Sie können/könnten doch auch morgen hier weiterarbeiten.

	Präsens	Präteritum	Konjunktiv II
ich	kann	konnte	könnte
du	kannst	konntest	könntest
er/es/sie	kann	konnte	könnte
wir	können	konnten	könnten
ihr	könnt	konntet	könntet
sie/Sie	können	konnten	könnten

Das Perfekt von *können (hat gekonnt/können)* wird selten benutzt. Besser und üblicher ist das Präteritum.

können kann oft auch ohne Infinitiv verwendet werden: Sie kann gut Deutsch (sprechen).

Wortstellung

	Position 2		Ende
Sie	können	doch kurz	warten.
Sie	können	hier gleich rein.	

➡ **Wortstellung, ab Seite 116**

➡ **Wortstellung, ab Seite 116**

A1

1 Können Sie das? Kreuzen Sie an.

a Du ☒ kannst ☐ kann ☐ könnt gern zum Essen bleiben.

b Ich ☐ kannst ☐ könnt ☐ kann dich nicht verstehen.

c ☐ Können ☐ Könnt ☐ Kannst Sie mir bitte die Tür öffnen?

d ☐ Können ☐ Könnt ☐ Kann ihr mir nächsten Samstag beim Umzug helfen?

e Er ☐ kann ☐ können ☐ kannst nicht schwimmen.

f Wir ☐ kann ☐ könnt ☐ können dich im Auto mitnehmen.

2 **Ich kann das. Schreiben Sie Sätze.**

a kannst – bitte für mich – du – zur Apotheke – gehen – ?

b ich – ein bisschen – kann – Deutsch – .

c ihr – bitte leise – könnt – sein – ?

d du – kannst – mir bitte – das Buch – leihen – ?

e euch – wir – können – mitnehmen – .

f kann – sie – nicht – lesen – .

g wir – können – gehen – jetzt – ?

a Kannst du bitte für mich zur Apotheke gehen?

3 **Wer kann, der kann. Ergänzen Sie *können* in der richtigen Form.**

a
.... du gut kochen? Teeny-TV sucht junge Hobbyköche für Dokumentation. Bei Interesse: info@hobbykoch.de

b
Dipl. Klavierlehrerin gibt Klavierunterricht für Kinder und Erwachsene: Ich .... auch zu Ihnen ins Haus kommen.

c
Liebe Frau Albrecht, meine Tochter hat Fieber und .... heute leider nicht in die Schule gehen.

d
Sie möchten Urlaub machen? Sie .... aber Ihren Hund nicht mitnehmen? Hundepension **Bello** hat noch Plätze frei.

4 **Wie sagt man es höflicher? Schreiben Sie Sätze.**

a Helfen Sie mir!

b Gib mir mal das Salz.

c Kann ich noch ein Stück Kuchen haben?

d Paul, Anna, kommt mal bitte!

a Könnten Sie mir bitte helfen?

5 **Was passt zusammen?**

a **Verbinden Sie die Sätze.**

1 Entschuldigung, Sie können hier nicht rauchen.

2 Sag mal, kannst du mir kurz helfen?

3 Du kannst aber gut Englisch.

4 Ich kann nicht mit euch schwimmen gehen.

Hast du mal in den USA gelebt?

Hier ist überall Rauchverbot.

Die Tasche ist so schwer.

Mein Arm ist gebrochen.

b **Was bedeuten die Sätze 1–4? Lesen Sie sie noch einmal und ordnen Sie zu.**

Möglichkeit	Fähigkeit	Erlaubnis/Verbot	Bitte
		Satz 1	

6 **Ich konnte …, du konntest … Ergänzen Sie in der richtigen Form.**

a ● Herr Meier, Frau Imrich hat gerade angerufen und den Termin für heute Nachmittag abgesagt.

▲ Schon wieder? Zu den letzten beiden Terminen .... sie auch schon nicht kommen.

● Das ist nicht ganz richtig. Letzte Woche .... Sie nicht, weil Sie krank waren.

b ● Du Nicola, meine Mutter kommt morgen für zwei Wochen zu uns.

▲ Wie bitte? Das glaube ich jetzt nicht. .... du mir das nicht früher sagen?

● Nein, das .... ich leider nicht. Sie hat mich auch gerade erst angerufen.

Verwendung von *möchten/wollen*

Bitte (höflich)	Ich möchte gern ‚Quaggel mit Fümm'. Oft auch: Ich hätte gern ‚Quaggel mit Fümm'.
Wunsch	Ich will/möchte nach Hause.
Plan	Wir wollen Dörte am Wochenende zu ‚Quaggel mit Fümm' einladen.

	Präsens		Präteritum
	wollen	„möchten"	wollen/„möchten"
ich	will	möchte	wollte
du	willst	möchtest	wolltest
er/es/sie	will	möchte	wollte
wir	wollen	möchten	wollten
ihr	wollt	möchtet	wolltet
sie/Sie	wollen	möchten	wollten

Das Perfekt von *wollen (hat gewollt/wollen)* wird selten benutzt. Besser und üblicher ist das Präteritum.

wollen/möchten kann oft auch ohne Infinitiv verwendet werden: Ich will nach Hause (gehen).

Wortstellung

	Position 2		Ende
Wir	wollen/möchten	heute Quaggel	kaufen.

➜ **Wortstellung, ab Seite 116**

1 Ein Restaurantbesuch. Was passt? Kreuzen Sie an.

a Ich ☐ möchte ☐ möchtest ☐ möchten bitte ein Bier.
b ☐ Willst ☐ Wollt ☐ Wollen du mal meine Pizza probieren?
c ☐ Möchte ☐ Möchtest ☐ Möchtet du noch etwas bestellen?
d ☐ Will ☐ Wollen ☐ Wollt ihr auch noch eine Nachspeise?
e Ich ☐ will ☐ willst ☐ wollen jetzt gern nach Hause.
f Wir ☐ möchte ☐ möchten ☐ möchtet bitte zahlen.

2 Pläne. Schreiben Sie Sätze.

a Ich – morgen Abend – zu Hause bleiben – will – .
b Wir – im Sommer – wollen – nach Italien – .
c Er – immer nur – Sport machen – im Urlaub – will – .
d am Wochenende – Möchtet – ihr – mit uns – einen Ausflug – machen – ?
e Meine Freundin – abends nie – möchte – weggehen – .
f Sie – Möchten – zum Essen – kommen – nächste Woche – zu uns – ?

a Ich will morgen Abend zu Hause bleiben.

3 Kurze Gespräche. Ergänzen Sie *wollen* im Präteritum.

a Aua! – Entschuldigung, das .*wollte*............... ich nicht.
b Wer war denn dieser Mann gerade? – Ein Kunde. Er .... sich beim Chef über dich beschweren.
c Hier bitte, Ihr Bier. – Aber wir .... doch Wein.
d Morgen fängt mein Französischkurs an. – Französisch? .... du nicht Englisch lernen?
e Wir haben uns eine Ferienwohnung in Südtirol gekauft. – Aber ihr .... doch eine in der Schweiz kaufen? – Ja, stimmt, aber die waren so teuer und wir .... nicht so viel Geld ausgeben.

4 Plan? Wunsch? Höflichkeit? Kreuzen Sie an.

1 wollen	Plan	Wunsch
a Am Wochenende wollen wir ins Schwimmbad gehen.	☒	☐
b Mama, ich will so gern einen Hund haben.	☐	☐
c Ich will ab jetzt mehr Sport machen.	☐	☐

2 „möchten"	Wunsch	Höflichkeit
a Möchtet ihr noch etwas trinken?	☐	☐
b Im Sommer möchten wir so gern in die Schweiz fahren.	☐	☐
c Ich möchte Sie nicht stören, Herr Rudolf, aber …	☐	☐

Ich muss *das nur noch schnell* fertig machen.

Verwendung von *müssen* und *dürfen*

müssen	
Vorschrift / Regel / Aufgabe	Wir müssen die Bäume regelmäßig schneiden. Eine Säge muss man sauber machen.
Notwendigkeit	Ich muss das nur schnell fertig machen. Ich müsste mal mit dem Chef sprechen.

dürfen	
Erlaubnis	Ich darf hier auf dem Baum sitzen.
Verbot	Du darfst nicht an diesem Ast sägen.
Höfliche Frage	Darf ich Sie etwas fragen? Oft auch: Kann ich Sie etwas fragen?

müssen und *dürfen* können oft auch ohne Infinitiv verwendet werden: Ich muss jetzt los.

⚠ Statt *müssen* kann man auch *brauchen* verwenden, aber nur, wenn *müssen* negativ oder mit Einschränkung gebraucht wird:

nicht			nicht	
nur	müssen		nur	brauchen + zu

Er muss das nicht machen.   Er braucht das nicht zu machen.
Er muss mich nur anrufen.   Er braucht mich nur anzurufen.
auch so nach kein-

	Präsens		Präteritum		Konjunktiv II	
	müssen	dürfen	müssen	dürfen	müssen	dürfen
ich	muss	darf	musste	durfte	müsste	dürfte
du	musst	darfst	musstest	durftest	müsstest	dürftest
er/es/sie	muss	darf	musste	durfte	müsste	dürfte
wir	müssen	dürfen	mussten	durften	müssten	dürften
ihr	müsst	dürft	musstet	durftet	müsstet	dürftet
sie/Sie	müssen	dürfen	mussten	durften	müssten	dürften

Das Perfekt von *müssen* (*hat gemusst/müssen*) und *dürfen* (*hat gedurft/dürfen*) wird selten benutzt. Besser und üblicher ist das Präteritum.

Wortstellung

	Position 2		Ende
Ich	muss	dir etwas	sagen.
Wir	dürfen	hier nicht	sitzen bleiben.

→ Wortstellung, ab Seite 116

1 *müssen* oder *dürfen*? Ergänzen Sie in der richtigen Form.

● Mama, (1) .... ich heute Nachmittag dein Auto haben?

▲ Ja, aber vorher (2) .... du bitte noch einkaufen gehen.

● Aber das geht nicht. Ich (3) .... pünktlich in einer Stunde beim Training sein. Ich (4) .... nicht zu spät kommen.

▲ Na, dann (5) .... du dich beeilen.

● Ach Mensch, immer (6) .... ich helfen. Lisa (7) .... nie etwas machen.

2 Autofahren in Deutschland. Was muss man? Was darf man (nicht)?
Was ist falsch? Streichen Sie durch und ergänzen Sie das passende Verb.

haben ● trinken ● mitnehmen ● telefonieren

a Als Autofahrer muss/darf man natürlich einen Führerschein ..*haben*.......................

b Als Fahrer müssen/dürfen Sie immer die Autopapiere ....

c Sie müssen/dürfen als Fahrer auch nicht mit dem Handy ....

d Ganz klar: Als Fahrer muss/darf man keinen Alkohol ....
Und jetzt: Gute Fahrt!

3 Endlich eine neue Arbeit. *Musste* oder *durfte (nicht)*? Ergänzen Sie.

An meinem alten Arbeitsplatz …

a .... die Mitarbeiter nicht privat telefonieren.

b .... man keine Jeans anziehen.

c .... ich immer Kaffee kochen.

d .... wir abends lange arbeiten.

e .... ihr mich nicht im Büro besuchen.

4 *dürfte* oder *durfte*? *müsste* oder *musste*? Was ist richtig? Kreuzen Sie an.

a Entschuldigen Sie, ☒ dürfte ☐ durfte ich Sie etwas fragen? Ich ☐ musste ☐ müsste mal ganz kurz telefonieren. Könnten Sie mir vielleicht Ihr Handy leihen?

b Als ich klein war, ☐ musste ☐ müsste ich immer früh ins Bett gehen. Meine Brüder ☐ durften ☐ dürften immer länger aufbleiben. Das hat mich geärgert.

c Nächste Woche ☐ musste ☐ müsste ich beruflich wieder nach Berlin fliegen. Aber ich habe keine Lust. Ich ☐ musste ☐ müsste da nämlich letzte Woche auch schon hin. Wenn wenigstens meine Freundin mitfliegen ☐ durfte ☐ dürfte!

5 Anzeigen. Wo kann man *müssen* durch *brauchen* ersetzen? Schreiben Sie die Texte neu.

A
Sie möchten abnehmen? Bei uns müssen Sie keine langweilige Diät machen. Sie müssen auch keinen Sport machen. Aber: Sie müssen uns vertrauen!

B
Agentur Filmwelt sucht **DICH**. Du hast Lust, bei einem Film in Berlin mitzumachen? Du musst kein Schauspieler sein und du musst auch keine Filmerfahrung haben. Du musst uns nur eine kurze Mail mit deinem Foto senden. Schreib an

Oh danke! Was soll ich jetzt für Sie spielen?

Nichts mehr. Sie sollen aufhören.

Verwendung von *sollen*

Aufforderung durch eine andere Person (Eine andere Person hat das gesagt.)	Ich soll nichts mehr spielen, hat er gesagt.
Ratschlag/Vorschlag	Sie sollen/sollten besser aufhören.
Hilfe anbieten	Soll ich das für Sie tun? Oft auch: Kann/Darf ich das für Sie tun?

	Präsens	Präteritum	Konjunktiv II
ich	soll	sollte	sollte
du	sollst	solltest	solltest
er/es/sie	soll	sollte	sollte
wir	sollen	sollten	sollten
ihr	sollt	solltet	solltet
sie/Sie	sollen	sollten	sollten

Das Perfekt von *sollen (hat gesollt/sollen)* wird selten benutzt. Besser und üblicher ist das Präteritum.

Wortstellung

	Position 2		Ende
Ihr	sollt	doch keine Äpfel	essen.

→ **Wortstellung, ab Seite 116**

A1   **1**   **Was passt? Kreuzen Sie an.**

a   Ich habe leider am Wochenende keine Zeit. Da   ☐ sollst   ☒ soll   ☐ sollen   ich zu meinen Großeltern fahren.

b   Sie ☐ sollt ☐ sollen ☐ sollst   bitte Frau Rösler zurückrufen.

c   Du, der Hausmeister hat gesagt, wir ☐ sollt ☐ sollen ☐ soll   unsere Fahrräder nicht im Hof abstellen.

d   ☐ Sollt ☐ Soll ☐ Sollen   wir heute Abend essen gehen? Dann müssen wir nicht kochen.

e   Was macht ihr denn noch hier? Ihr ☐ soll ☐ sollen ☐ sollt   doch Zähne putzen!

f   So, Frau Sanders, von diesem Medikament ☐ soll ☐ sollst ☐ sollen   Sie morgens und abends eine Tablette nehmen, hat der Doktor gesagt.

g   Du siehst aber müde aus. ☐ Sollst ☐ Soll ☐ Sollen   ich dir einen Kaffee machen?

2 Frau Meier war in der Schule beim Elternabend. Was hat die Lehrerin gesagt? Ergänzen Sie.

Die Lehrerin hat gesagt:

a Max muss mehr lesen. ...Max soll mehr lesen...........
b Alle Eltern müssen mit den Kindern mehr üben. Alle Eltern ....
c Schicken Sie ihn nicht zu spät ins Bett. Wir ....
d Er muss seine Hausaufgaben allein machen. Er ....
e Es muss aber auch noch Zeit für die Freunde bleiben. Es ....
f Er muss auch Zeit zum Spielen haben. Max ....

3 Tipps fürs Vorstellungsgespräch. Schreiben Sie.

So wird Ihr Vorstellungsgespräch erfolgreich:

1 Kommen Sie pünktlich!
2 Bereiten Sie sich auf das Gespräch und mögliche Fragen vor.
3 Informieren Sie sich vorher über die Firma.
4 Ziehen Sie saubere und gepflegte Kleidung an.
5 Sprechen Sie im Vorstellungsgespräch nicht zu schnell.
6 Bleiben Sie in jedem Fall natürlich und Sie selbst.

Viel Erfolg!

1 Sie sollten pünktlich kommen.

4 Oje, ich sollte doch ... Korrigieren Sie die Fehler.

sollte
a Oje, ich sollten ja gestern bei Frau Vogel anrufen. Das habe ich völlig vergessen.

b Wie sieht es denn hier aus? Du sollte doch dein Zimmer aufräumen.

c Wo wart ihr denn? Ihr solltest pünktlich um acht zu Hause sein und jetzt ist es gleich neun Uhr.

d Ich bin wirklich sauer auf Tom. Er solltet nur den Müll wegbringen, und jetzt ist er schon zwei Stunden weg.

Herr Meier wird angerufen.

Herr Meier wird angerufen.

Ruhe! Hier wird nicht telefoniert!

Das Passiv wird benutzt, wenn die Tätigkeit selbst wichtig ist und nicht die Person, die es tut (*Herr Meier wird angerufen.*), oder wenn man strenge Aufforderungen ausdrücken möchte (*Hier wird nicht telefoniert.*).

Aktiv: Die Firma ruft Herrn Meier an.
           Nominativ   Akkusativ

Passiv: Herr Meier wird (von der Firma) angerufen.
           Nominativ   (von + Dativ)

Bei Sätzen ohne Akkusativobjekt benutzt man *es:*
Die Leute telefonieren. → **Es** wird telefoniert.

Wenn im Satz eine weitere Angabe ist, kann diese an den Anfang gesetzt werden. *Es* fällt dann weg:
Die Leute telefonieren **im Kino**. → Im Kino wird telefoniert.

Formen

	Passiv Präsens		Passiv Präteritum		Passiv Perfekt		
ich	werde		wurde		bin		
du	wirst		wurdest		bist		
er/es/sie	wird	angerufen	wurde	angerufen	ist	angerufen	
wir	werden	fotografiert	wurden	fotografiert	sind	fotografiert	worden
ihr	werdet		wurdet		seid		
sie/Sie	werden		wurden		sind		

➜ *worden* oder *geworden?*, Seite 76
➜ **Partizip Perfekt, ab Seite 50**

Wortstellung

		Position 2		Ende
Präsens	Er	wird	jedes Mal im Kino	angerufen.
Präteritum	Er	wurde	jedes Mal im Kino	angerufen.
Perfekt	Er	ist	schon wieder im Kino	angerufen worden.

➜ **Wortstellung, ab Seite 116**

A2 **1** **Der unglückliche Herr Reichmann. Aktiv oder Passiv? Kreuzen Sie an.**

		Aktiv	Passiv
a	Herr Reichmann hat viele Angestellte.	☒	☐
b	Das Essen wird von einem Koch eingekauft und gekocht.	☐	☐
c	Eine Waschfrau wäscht und bügelt seine Wäsche.	☐	☐
d	Sein Schloss wird für ihn aufgeräumt und geputzt.	☐	☐
e	Nur eine passende Frau wird noch gesucht.	☐	☐

A2 **2** **Arbeitsalltag**

a **Herr Poller erzählt von seiner Arbeit. Markieren Sie das Passiv.**

Montags haben wir immer unser Mitarbeitertreffen. Da erzählt dann jeder, wie weit er mit seinen Arbeiten ist. Dann <u>wird</u> die Arbeit für diese Woche <u>besprochen</u>: Welche neuen Projekte werden in dieser Woche begonnen? Wie wird die Arbeit verteilt? Wer macht was und wann? Das wird dann alles von einem Kollegen notiert. Am Schluss werden noch offene Fragen und Probleme diskutiert.

b **Formulieren Sie Herrn Pollers Bericht im Aktiv.**

Montags haben wir immer unser Mitarbeitertreffen. Da erzählt dann jeder, wie weit er mit seinen Arbeiten ist. Dann besprechen wir …

A2 **3** **Quiz. Schreiben Sie Fragen im Passiv. Kennen Sie die Antworten?**

a In welchen Ländern / Deutsch als Landessprache / sprechen?
b In welcher deutschen Stadt / jedes Jahr das Oktoberfest / feiern?
c Wie / das Oktoberfest / noch nennen?
d Welche Sprachen / in der Schweiz / sprechen?
e In welcher österreichischen Stadt / die leckeren Mozartkugeln / produzieren?
f Wo / die Kuckucksuhren / bereits seit vielen hundert Jahren / herstellen?

Mozartkugel

Kuckucksuhr

a In welchen Ländern wird Deutsch als Landessprache gesprochen?

Lösungen: a Deutschland, Österreich, Schweiz, Liechtenstein. Kleinere Bevölkerungsgruppen sprechen es auch in Luxemburg, Frankreich, Italien, Belgien, Niederlande, Dänemark, Namibia und in vielen kleinen Gemeinden in der Welt. / b München / c Wiesn / d Deutsch, Französisch, Italienisch, Rätoromanisch / e Salzburg / f Im Schwarzwald, im Süd-Westen von Baden-Württemberg

B1 **4** **Nach der Renovierung. Ergänzen Sie im Präteritum.**

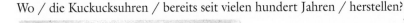

Liebe Esther,
ich hoffe, es geht Euch gut! Bei uns war furchtbar viel los in den letzten Monaten. Unsere Wohnung
...wurde......... nämlich ...renoviert...... (renovieren). Und das, während wir dort gewohnt
haben! Im Bad ....alles neu .... (machen), alle Türen und Wände
.... frisch .... (streichen) und im Flur .... ein neuer
Teppich .... (verlegen). Und dann .... uns auch noch für drei Tage
das Wasser .... (abstellen). Ich sage Dir: ein komplettes Chaos. Aber jetzt sieht es
wieder toll aus bei uns. Wann kommst Du uns besuchen?
Liebe Grüße, Karena

5 Das musste jetzt auch mal gesagt werden.

Das Passiv *(Das Büro wird sauber gemacht.)* kann man mit Modalverben verwenden:
Das Büro muss/soll/kann jetzt sauber gemacht werden.

➡ **Passiv, Seite 70**

		Position 2		Ende
Präsens	Hier	muss	endlich mal sauber	gemacht werden.
	Das da	kann	alles	weggeworfen werden.
Präteritum	Das	musste	jetzt auch mal	gesagt werden.
	Der Laden	konnte	gestern nicht mehr	aufgeräumt werden.

auch so: wollen, sollen, „möchten", dürfen

Das Passiv Perfekt mit Modalverben wird selten benutzt.

➡ **Modalverben, ab Seite 62**
➡ **Wortstellung, ab Seite 116**

B1 **1 Pflegehinweise für Ihren Pullover**

<u>a</u> Markieren Sie die Passivformen.

Um lange Freude an Ihrem Cashmo-Pullover zu haben, beachten Sie bitte die folgenden Pflegehinweise:

1 Ihr Cashmo-Pullover kann mit der Hand in warmem Wasser und Wollwaschmittel gewaschen werden.
2 Er darf auf keinen Fall im Trockner getrocknet werden.
3 Zum Trocknen muss er flach auf ein Handtuch gelegt und vorsichtig in Form gezogen werden.
4 Nach dem Trocknen darf der Cashmo-Pullover nur auf niedrigster Stufe gebügelt werden.
5 Flecken müssen schnell mit kaltem Wasser behandelt werden.

<u>b</u> Wie muss man den Pullover pflegen? Schreiben Sie im Aktiv.

> 1 Man kann den Pullover mit der Hand in warmem Wasser und Wollwaschmittel waschen.
> 2 Man darf ihn auf keinen Fall ...

2 Was muss noch alles vor der Abreise gemacht werden? Schreiben Sie.

<u>a</u> Die Koffer noch packen. .Die Koffer müssen noch gepackt werden......... (müssen)
<u>b</u> Den Schlüssel zu den Nachbarn bringen. .... (müssen)
<u>c</u> Die Blumen noch einmal gießen. .... (müssen)
<u>d</u> Die Medikamente aus der Apotheke holen. .... (können)
<u>e</u> Die Ausweise nicht vergessen. .... (dürfen)
Jetzt kann der Urlaub beginnen!

3 Erlaubt oder verboten? Was darf man hier (nicht) machen? Was muss man machen?
Schreiben Sie im Passiv.

A
> **Hunde an die
> Leine nehmen!**

B
> **Rauchen erlaubt!**

C

**Langsam fahren!
Kinder!**

D
> *Bei Verlassen
> des Büros bitte
> Kaffeemaschine
> ausschalten*

E

> A Hier müssen Hunde an die
> Leine genommen werden.

4 Besuch vom neuen US-Präsidenten.
Was musste man vor dem Besuch des Präsidenten machen? Schreiben Sie.

> *Der US-amerikanische Präsident war in Baden-Baden und sprach auf dem Marktplatz zu den Menschen.
> Es herrschte die höchste Sicherheitsstufe. Wie hat die Stadt sich auf den Besuch vorbereitet?*

<u>a</u> Man musste alle Bäume auf dem Marktplatz entfernen.
<u>b</u> Natürlich durfte man keine Fahrräder oder Autos im Zentrum abstellen.
<u>c</u> Man musste öffentliche Mülleimer und private Briefkästen abbauen.
<u>d</u> Im Stadtzentrum konnte man private Wohnungen zum Teil nur mit Polizeibegleitung verlassen.
<u>e</u> Während des Besuchs durfte man im Stadtzentrum keine Fenster und Türen öffnen.

<u>a</u> .Auf dem Marktplatz mussten alle Bäume entfernt werden.....................
<u>b</u> Natürlich ....
<u>c</u> Öffentliche Mülleimer ....
<u>d</u> Im Stadtzentrum ....
<u>e</u> Während des Besuchs ....

lassen hat verschiedene Bedeutungen:

A   *lassen* mit Infinitiv

etwas (nicht) erlauben	Er lässt seinen Freund die Pommes frites nicht probieren.
etwas nicht selbst machen, etwas in Auftrag geben	Er lässt sich eine Pizza liefern.
etwas nicht verändern (oft mit: liegen, stehen, sitzen, hängen)	Sie lassen die leere Tüte einfach liegen.
freundliche Aufforderung	Lass uns noch schnell an der Pommesbude vorbeigehen!
man kann etwas (nicht) machen	Pommes lassen sich ganz leicht selbst zubereiten: Man muss nur Kartoffeln schneiden und …

B   *lassen* ohne Infinitiv

aufhören	Lass das!
nicht von einer Stelle entfernen	Er lässt sein Geld zu Hause.

Formen

	Präsens	Präteritum	Perfekt	
ich	lasse	ließ	habe	
du	lässt	ließt	hast	
er/es/sie	lässt	ließ	hat	lassen/
wir	lassen	ließen	haben	gelassen
ihr	lasst	ließt	habt	
sie/Sie	lassen	ließen	haben	

lassen oder *gelassen* im Partizip Perfekt?

gelassen	lassen
lassen als einziges Verb	*lassen* und ein zweites Verb
Ich habe meine Tasche zu Hause gelassen.	Ich habe meine Tasche im Bus liegen lassen.

Wortstellung

	Position 2		Ende	
Morgen	lässt	er seinen Freund vielleicht	probieren.	
Er	lässt	sein Geld zu Hause.		

➔ **Wortstellung, ab Seite 116**

A2 1 Otto ist unselbstständig! Schreiben Sie Sätze mit *lassen*.

a Er wäscht seine Wäsche nicht selbst. *Er lässt seine Wäsche waschen.*
b Er macht sein Bett nicht selbst. ....
c Er räumt sein Zimmer nicht auf. ....
d Er kocht nicht für sich. ....

A2 2 Darf ich mal …? Schreiben Sie Sätze mit *lassen*.

a Timo fragt seinen Vater: Darf ich heute Abend mit deinem Auto fahren?
(Ja) *Der Vater lässt Timo mit seinem Auto fahren.*...............................
b Rosa fragt ihre Mutter: Darf ich heute Abend deine Stiefel anziehen?
(Nein) Die Mutter ....
c Sabine fragt ihre Freundin Anja: Darf ich mal mit deinem Fahrrad fahren?
(Ja) Anja ....

A2 3 Ganz einfach anders. Schreiben Sie die Sätze neu mit *können* oder *dürfen*.

a Pizza lässt sich ganz einfach selbst machen.
Pizza kann man ganz einfach selbst machen.......................................
b Wir lassen unsere Kinder nur am Wochenende fernsehen.
Unsere Kinder ....
c Das Buch „Maria, ihm schmeckt's nicht" lässt sich ganz leicht lesen.
Das Buch ....
d Meine Eltern lassen mich in den Ferien mit meinen Freunden wegfahren.
Ich ....

B1 4 Hast du das gewusst? Schreiben Sie Sätze mit *lassen* im Perfekt.

a Birte und Kurt / sich scheiden *Birte und Kurt haben sich scheiden lassen.*
b Oliver / sich die Nase operieren ....
c Unser Nachbar / sich die Haare färben ....
d Mein Sohn / sich von einem Freund / das
Autofahren zeigen

B1 5 *lassen* oder *gelassen*? Kreuzen Sie an.

a Hast du das Auto schon waschen ☒ lassen ☐ gelassen? Es sieht immer noch so schmutzig aus.
b Mist! Ich habe meine Handtasche im Flugzeug ☐ lassen ☐ gelassen.
c Das Essen im Restaurant war schrecklich. Wir haben es stehen ☐ lassen ☐ gelassen.
d Er hat die Regale nicht im Geschäft gekauft. Er hat sie machen ☐ lassen ☐ gelassen.

B1 6 Zeitungsüberschriften. Ergänzen Sie *lassen* im Präteritum.

a **Unglaublich. Mutter** ....
Vierjährige drei Stunden allein zu Hause.

b **Glück im Unglück.**
Zwei Berliner Bankräuber
Tasche mit 100.000 Euro zurück.

c **Deutschland-Premiere von Operation Walküre.**
Tom Cruise .... **sich feiern.**

d **Fans aufgepasst!**
Neuer Hit von Roger Cicero:
„Ich Idiot .... dich gehen".

Verwendung von *werden*

werden + Nomen	Später werde ich mal Schauspieler oder Verkäufer.
werden + Adjektiv	Die Fernseher werden immer größer.
Passiv ➡ **ab Seite 70**	Es wird immer der gleiche Quatsch gezeigt.
Futur ➡ **Seite 60**	Sie wird bestimmt bald einen neuen Fernseher kaufen.

	Präsens	Präteritum	Perfekt	
ich	werde	wurde	bin	
du	wirst	wurdest	bist	
er/es/sie	wird	wurde	ist	worden/
wir	werden	wurden	sind	geworden
ihr	werdet	wurdet	seid	
sie/Sie	werden	wurden	sind	

Perfekt: *worden* oder *geworden*?

Aktiv *werden* als einziges Verb	Passiv *werden* und ein zweites Verb
sein + *geworden (Partizip Perfekt)*	*sein* + <u>*2. Verb (Partizip Perfekt)*</u> + *worden*
Die Preise sind günstiger geworden.	Es ist nur Quatsch <u>gezeigt</u> worden.

Wortstellung

	Position 2		Ende
Später	werde	ich mal Schauspielerin.	
Es	wird	der gleiche Quatsch	gezeigt.
Sie	wird	bald einen neuen Fernseher	kaufen.

➡ **Wortstellung, ab Seite 116**

1 *werden*. Ergänzen Sie in der richtigen Form.

> schön ... werden ● alt ... werden ● gesund ... werden ● Friseurin ... werden ●
> glücklich ... werden ● Bürgermeister ... werden

a Seit drei Wochen scheint die Sonne. Morgen ..*wird*.. es bestimmt wieder ..*schön*.......
b Meine Tochter macht sich die Haare jeden Tag anders. Sie .... sicher mal
....
c Schau mal, wieder ein graues Haar. Tja, wir .... eben alle ....
d Dein neuer Freund ist sehr nett. Hoffentlich .... ihr zusammen ....
e Gute Besserung, Herr Wittke. Hoffentlich .... Sie bald wieder ....
f Unser Nachbar .... der neue .... von Frankfurt.

2 Warum? Antworten Sie mit *wurde-*.

a ● Unser Auto ist schon wieder kaputt.
  ▲ Warum das denn? ..*Es wurde doch erst vor Kurzem repariert.*.. (es / erst vor Kurzem / reparieren)
b ● Warum habt ihr uns nichts von der kaputten Fensterscheibe bei Meiers erzählt?
  ▲ Das waren wir nicht.
  ● Ach hört doch auf. .... (ihr / von einem Nachbarn / sehen)
c ● Warum war Hans denn schon so lange nicht mehr im Büro?
  ▲ Er ist im Krankenhaus. .... (er / letzte Woche / operieren)
d ● Sind Herr und Frau Rösler schon abgefahren?
  ▲ Ja, ... (sie / heute Morgen / abholen)

3 *worden, geworden*? Streichen Sie die falsche Form.

a Autos sind in den letzten Jahren immer größer worden / geworden. Leider sind sie aber nicht umweltfreundlicher worden / geworden.
b Die Suppe ist doch gut worden / geworden, findest du nicht? Das Rezept ist letzte Woche im Kochmagazin vorgestellt worden / geworden.
c Stell dir vor, gestern ist mein Geldbeutel gestohlen worden / geworden.
d Mir ist gestern nach dem Essen in der Kantine so schlecht worden / geworden, dass ich von meinem Kollegen zum Arzt gebracht worden / geworden bin.
e Was ist denn mit Rudi? Ist er krank? Er ist so dünn worden / geworden.

4 Aus der Zeitung. Passiv oder Futur? Markieren Sie und kreuzen Sie an.

	Passiv	Futur
a **Landtagswahl.** Nächste Woche werden die Bürger entscheiden.	☐	☒
b **Die Deutschen bekommen wieder mehr Kinder.** Die Familienministerin sagt, dieser Trend wird sich in den kommenden Jahren fortsetzen.	☐	☐
c Unter www.kfz.com werden mehr als 31.000 Fahrzeuge aller Art angeboten. Gleich reinklicken!	☐	☐
d **Am Sonntag beginnt wieder die Sommerzeit.** Sonntag früh werden die Uhren um eine Stunde von zwei auf drei Uhr vorgestellt.	☐	☐
e **Bello macht Urlaub.** In Freising bei München wurde eine Luxus-Hotelkette für Hunde eröffnet. Das Geschäft blüht.	☐	☐

Ich wäre wirklich gern verheiratet.

Könnte ich bitte noch ein Bier haben, Schatzi?

Würdest du mir bitte noch ein Brötchen bringen, Schatzi?

Jetzt hätte ich gern meine Zeitung, Schatzi.

Ich wäre wirklich gern verheiratet.

Den Konjunktiv II – Gegenwart verwendet man bei:

Höflichen Bitten	Könnte ich bitte noch ein Bier haben?
	Würdest du mir bitte noch ein Brötchen bringen?
Wünschen	Ich wäre wirklich gern verheiratet.
	Jetzt hätte ich gern meine Zeitung.
	Ich würde gern mal wieder ganz in Ruhe auf dem Sofa liegen.
Ratschlägen	Du solltest mal was unternehmen.
Vorschlägen	Wir könnten doch mal wieder tanzen gehen.

	haben	sein	werden	können	sollen
ich	hätte	wäre	würde	könnte	sollte
du	hättest	wär(e)st	würdest	könntest	solltest
er/es/sie	hätte	wäre	würde	könnte	sollte
wir	hätten	wären	würden	könnten	sollten
ihr	hättet	wär(e)t	würdet	könntet	solltet
sie/Sie	hätten	wären	würden	könnten	sollten

Wortstellung

	Position 2		Ende
Er	würde	gern mal wieder richtig	ausschlafen.
Jetzt	hätte	ich gern meine Zeitung.	

→ Wortstellung, ab Seite 116

A1 **1 Höfliche Bitte. Ergänzen Sie die richtige Endung.**

a Könnt _en_ Sie mir bitte helfen?

b Entschuldigung, würd.......... Sie uns bitte die Rechnung bringen?

c Es regnet so. Könnt.......... ihr mich vielleicht im Auto mitnehmen?

d Könnt.......... Herr Michalski mich bitte zurückrufen?

e Könnt.......... ich bitte das Salz haben?

f Würd.......... du bitte die Musik leiser machen?

A1 2 Bitte, bitte! Welche Sätze sind besonders höflich? Kreuzen Sie an.

besonders höflich

a Helfen Sie mir! ☐
b Könntest du mich heute Abend bitte anrufen? ☒
c Kann ich bei Ihnen mitfahren? ☐
d Würdet ihr mich morgen mit dem Auto mitnehmen? ☐
e Leihst du mir dein Fahrrad? ☐
f Würdest du mir vom Bäcker ein Brot mitbringen? ☐

A2 3 Das wäre schön … Jana träumt. Ergänzen Sie.

a Ich bin im Büro. Ich .... jetzt lieber in Italien.
b Ich habe so viel Arbeit. Ich .... gern weniger Arbeit.
c Ich gehe erst um 18 Uhr nach Hause. Ich .... lieber jetzt schon nach Hause gehen.
d Ich arbeite immer allein. Ich .... lieber mit einer Kollegin arbeiten.
e Hier haben wir nur schlechten Kaffee. Ich .... jetzt gern einen richtigen Cappuccino.

B1 4 Kummerkasten. Frau Dr. Sommerfeldt gibt Ratschläge.

könntest … informieren ● würde … machen ● solltest … gehen ●
könntest … vereinbaren ● wäre ● hättest

*Ich habe gerade mein Abitur gemacht. Jetzt weiß ich nicht, wie es weitergehen soll. Soll ich studieren oder einen
Beruf lernen? Meine Eltern sagen jeden Tag, dass ich mich endlich entscheiden muss. Das würde ich ja gern,
aber ich weiß einfach nicht, was ich tun soll. Können Sie mir helfen? Larissa B., Köln*

Liebe Larissa, erst einmal: Herzlichen Glückwunsch! An Deiner Stelle *würde* ich jetzt zwei,
drei Wochen nichts *machen* . Erhol Dich einfach. Das .... bestimmt gut für Dich
nach diesem Stress. Danach .... Du Dich im Internet über verschiedene Berufe
.... Du .... auch einen Termin bei der Studienberatung ....
Vielleicht .... Du ja Lust, für ein Jahr ins Ausland zu gehen? Dann arbeitest Du, lernst
eine Sprache und sammelst gleich Auslandserfahrung. Auf jeden Fall .... Du mal zur
Arbeitsagentur .... Die Leute dort können Dir am besten weiterhelfen. Viel Glück!

B1 5 Eine E-Mail an die Mitarbeiter. Ergänzen Sie. Manchmal gibt es mehrere Möglichkeiten.

Betreff: Verbesserungsvorschlag

Liebes Team,
in letzter Zeit hat öfter Büromaterial gefehlt. Meine Bitte an Euch: .... Ihr bitte immer
alles gleich in eine Liste eintragen, wenn Ihr etwas verbraucht habt? Sabrina, es ....
schön, wenn Du diese Liste vorbereiten und im Kopierraum aufhängen .... Und
.... Du dann die fehlenden Sachen immer gleich bestellen? Ich denke, Du
.... sie bei Papier Fritz bestellen, die sind am billigsten.
Zum Schluss: Wir .... doch mal wieder zusammen weggehen. .... Ihr
nächsten Mittwoch Zeit?
Einen schönen Tag noch!
Christine

Mit dem Konjunktiv II (Gegenwart und Vergangenheit) beschreibt man alles, was nicht wirklich, also nicht real ist oder was nicht wirklich passiert ist.

Irreale Bedingungen	Auch wenn ich seinen Bauch hätte, würde ich kein solches Hemd anziehen. Hättest du früher mehr Sport gemacht, wärst du nicht so dick geworden.
Irreale Wünsche	Wenn ich *(doch) nur* so aussehen würde wie er! Ach, wenn ich ihn *(doch) bloß* nicht geheiratet hätte! Wenn ich doch noch einmal jung wäre!
Irreale Vergleiche	Ich fühle mich, als ob ich jung und schlank wäre. Sie tut so, als ob sie den tollen Mann nicht gesehen hätte.

Formen: Gegenwart

➡ **Konjunktiv II: Wünsche, Bitten ..., Seite 78**

Formen: Vergangenheit

	hätte/wäre + **Partizip Perfekt**			
ich	hätte		wäre	
du	hättest	gelacht,	wär(e)st	gelaufen,
er/es/sie	hätte	getanzt,	wäre	gefahren,
wir	hätten	geschrieben,	wären	geflogen,
ihr	hättet	gelacht,	wär(e)t	geblieben,
Sie/sie	hätten	...	wären	...

Wortstellung

Hauptsatz vor Nebensatz

Hauptsatz	Nebensatz		
Ich würde jeden Tag joggen,	wenn	ich so einen Bauch	hätte.

Nebensatz vor Hauptsatz

Nebensatz			Hauptsatz
Wenn	ich so einen Bauch	hätte,	würde ich jeden Tag joggen.
Hätte	ich so einen Bauch,		würde ich jeden Tag joggen.*

* Man kann *wenn* auch weglassen, dann steht das Verb des Nebensatzes auf Position 1.

➡ **Wortstellung, ab Seite 116**

B1 **1** **Wenn, wenn, wenn ... Ergänzen Sie *wäre*, *hätte*, *würde* in der richtigen Form.**

a Es ist Donnerstag. Ach, wenn doch nur schon Wochenende ..*wäre*.............. .

b Ich habe nicht viel Zeit. Aber wenn ich mehr Zeit ...., ... ich öfter zu meiner Oma fahren.

c Susanna ist nicht krank. Aber sie sieht so aus, als ob sie krank ....

d Wir haben nur eine kleine Wohnung. .... wir doch bloß eine größere Wohnung!

e Ihr habt kein Haus. Aber wenn ihr ein Haus ...., ... ihr dann einen Hund kaufen?

f Es .... so schön, wenn du hier .... Leider bist du nicht hier.

B1 **2** **Es war aber anders. Ergänzen Sie das Verb in der richtigen Form und kreuzen Sie *wäre* oder *hätte* an.**

a Wenn sie ihre Kreditkarte dabeigehabt hätte, ☐ wäre ☐ hätte sie die Schuhe ..*gekauft*.... . (kaufen)

b Ich hätte ihn noch getroffen, wenn er pünktlich .... ☐ wäre ☐ hätte. (kommen)

c Er sah so aus, als ob er drei Tage nicht .... ☐ wäre ☐ hätte. (schlafen)

d Wenn sie vorsichtiger gefahren wäre, ☐ wäre ☐ hätte das nicht .... (passieren)

e ☐ Wäre ☐ Hätte ich doch nur bequemere Schuhe ....! (anziehen)

B1 **3** **Alles irreal. Schreiben Sie Sätze und ergänzen Sie: irrealer Wunsch, irreale Bedingung oder irrealer Vergleich?**

a Leider hast du mich gestern nicht angerufen.
.*Wenn du mich doch bloß gestern angerufen hättest!*............... .   .*Irrealer Wunsch*.......

b Ihr wart gestern nicht zu Hause. Ich habe euch nicht besucht.
Wenn ihr ....

c Rita ist 27. Sie sieht aus wie 18.
Rita sieht aus, ...

d Er ist auf die Party gegangen. Er hat Sabine kennengelernt.
....

B1 **4** **Geschichten, die das Leben schreibt. Schreiben Sie im Konjunktiv II.**

a
Ein Koch fand auf der Straße einen Euro. Er kaufte sich ein Lotterielos. Er gewann zwei Millionen Euro. Er zog mit seiner Frau nach Südfrankreich und kaufte ein altes Schloss auf dem Land. Dort eröffnete er ein Luxus-Restaurant.

Wenn der Koch keinen Euro gefunden hätte, hätte er sich kein Lotterielos gekauft. Dann hätte er nicht ...

b
Eine junge Frau hatte vor ihrem Haus eine Autopanne. Ein netter Mann aus einem Büro gegenüber half ihr. Die Frau lud den Mann zum Kaffeetrinken ein. An dem Tag verliebten sie sich ineinander. Sechs Monate später heirateten sie und waren das ganze Leben zusammen glücklich.

Wenn die junge Frau ...

Geh *zum Supermarkt!*

Den Imperativ verwendet man bei:

Befehlen/Aufforderungen	Geh zum Supermarkt! Geh doch endlich!
Bitten	Gehen Sie bitte zum Supermarkt!
Ratschlägen, Tipps	Sprich doch mal mit deinem Chef.
Anweisungen	Machen Sie **Vorschläge**. Schreiben Sie und sprechen Sie.

Durch *bitte, doch, mal, doch mal* werden die Sätze freundlicher:
Geh *doch mal* zum Supermarkt. / Nimm *doch* Tabletten gegen deine Kopfschmerzen.

Formen

du: Kommst du? → Komm!
ihr: Kommt ihr? → Kommt!
Sie: Kommen Sie? → Kommen Sie!

		du	ihr	Sie
„normale" Verben	kommen	Komm!	Kommt!	Kommen Sie!
Verben auf *-ten / -den*	arbeiten	Arbei**te**!	Arbei**tet**!	Arbeiten Sie!
Verben mit Vokalwechsel* e → i a → ä	lesen fahren	**Lies**! Fahr!	Lest! Fahrt!	Lesen Sie! Fahren Sie!
trennbare Verben	zu hören	Hör zu!	Hört zu!	Hören Sie zu!
besondere Verben	sein haben	**Sei** ruhig! **Hab** Geduld!	**Seid** ruhig! **Habt** Geduld!	**Seien** Sie ruhig! **Haben** Sie Geduld!

* Eine Liste der wichtigsten unregelmäßigen Verben finden Sie ab Seite 148.

A1   **1**   **Frau Hoffmann reist in die Karibik.**

a   **Markieren Sie den Imperativ.**

„So, jetzt <u>hört</u> noch mal alle gut <u>zu</u>. Max, <u>steh</u> bitte immer um sechs Uhr <u>auf</u> und mach für alle das Frühstück. Iss mit den Kindern und bring sie dann zur Schule. Sei bitte pünktlich. Kinder, steht um Viertel vor sieben auf. Und macht immer eure Hausaufgaben! Frau Strohmeier, bitte bringen Sie Stefan am Dienstag zum Sport. Bei Fragen rufen Sie meinen Mann an. Vielen Dank. Kinder, seid lieb zu Papa! Max, bitte vergiss den Hund nicht – der muss zweimal am Tag raus – und ruf mich mal an! Oh, da kommt mein Taxi. Tschüs, ihr Lieben …

<u>b</u> Ergänzen Sie die Tabelle.

Infinitiv	du	ihr	Sie
zuhören	hör zu	*hört zu*	hören Sie zu
			stehen Sie auf
			machen Sie
		esst	essen Sie
		bringt	
			seien Sie
		ruft an	
		vergesst	vergessen Sie

<u>A1</u> **2   Einfache Tipps zum Glücklichsein. Schreiben Sie die Sätze.**

(1) *Sagen Sie jeden Morgen: „Heute ist ein guter Tag."*

(1) jeden Morgen sagen: „Heute ist ein guter Tag."

(2) ....

(2) jeden Tag lachen

(3) ....

(3) viel Obst und Gemüse essen

(4) ....

(4) genug schlafen

(5) ....

(5) ein Hobby suchen

(6) ....

(6) ein bisschen Sport machen
10 Minuten am Tag reichen schon.

<u>A1</u> **3   Aufforderungen! Ergänzen Sie das passende Verb im Imperativ.**

kommen ● anziehen ● fahren ● essen ● sagen

<u>a</u> Luise, wo warst du denn? Jetzt *komm* aber mal her.

<u>b</u> .... das bitte noch einmal. Ich habe euch nicht verstanden.

<u>c</u> Dir ist kalt? Dann .... doch einen Pullover ....

<u>d</u> Kinder, ... doch jetzt keine Schokolade! Das Mittagessen ist gleich fertig.

<u>e</u> Schatz, ich weiß, du fährst super Auto, aber bitte .... ein bisschen langsamer.

<u>A2</u> **4   Liebeskummer. Ergänzen Sie in der richtigen Form.**

Liebe Chrissy,

das tut mir ja so leid, dass ihr euch getrennt habt. Aber jetzt .... (denken) mal an Dich. .... (vergessen) Stefano und .... (treffen) Dich mit Deinen Freundinnen. .... (arbeiten) nicht zu viel oder .... (nehmen) Dir doch gleich ein paar Tage Urlaub und .... (kommen) zu uns nach Lüneburg. Ich würde mich sehr freuen!

.... (schreib) mir bald, ob und wann Du uns besuchen kommst. :-)

Ganz liebe Grüße

Deine Jane

Ich bringe den ‚Kurier'.

Das Subjekt im Satz (= wer/was tut etwas?) steht immer im Nominativ:

wer/was?

Nominativ ← lesen/frühstücken/schlafen/ …

Was machst du gerade?
Ich frühstücke. Und **ich** lese.

Die Verben *sein*, *heißen*, *werden* und *bleiben* haben nur eine Nominativ-Ergänzung:

wer/was?   wer/was?

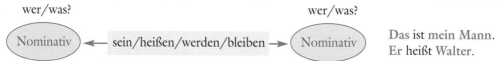

Nominativ ← sein/heißen/werden/bleiben → Nominativ

Das ist mein Mann.
Er heißt Walter.

Viele Verben haben noch eine Ergänzung, oft im Akkusativ:

wer/was?   wen/was?

Nominativ ← essen/lesen/mögen/ … → Akkusativ

Ich lese den Kurier.

Formen

➡ Kasus, Seite 12

Wortstellung

	Position 2	
Ich	lese	den Kurier jeden Morgen.
Jeden Morgen	lese	ich den Kurier.
Den Kurier	lese	ich jeden Morgen.

➡ Wortstellung, ab Seite 116

1 **Markieren Sie: Nominativ und Akkusativ.**

a

Das ist meine Tochter. Sie ist 36 Jahre alt. Sie heißt Marion. Sie ist verheiratet und hat zwei Kinder. Ich sehe meine Tochter leider nicht so oft. Sie wohnt in Berlin und hat einen interessanten Job. Aber bald besuche ich sie.

b

Und hier siehst du meinen Schwiegersohn Marco. Er ist Pilot. Marion und er bauen zurzeit ein Haus. Es ist bald fertig und wird sicher sehr schön.

c

Und das sind ihre Kinder. Lena ist 7 Jahre alt und Lukas ist 9. Sie haben einen Hund und einen Vogel. Die beiden bekommen oft Besuch. Lena liest sehr gern Comics und Lukas macht viel Sport. Warte, und hier habe ich noch Bilder von Berti. Das ist mein Sohn …

2 **Sommerferien in Florenz. Ergänzen Sie den Nominativ *(wer? was?)* und die Akkusativ-Ergänzung *(wen? was?)*.**

		wer/was?	wen/was?
a	Meine Freundin und ich haben Urlaub.	*Meine Freundin und ich*	*Urlaub*
b	Wir sind in Florenz.		/
c	Wir machen dort einen Italienischkurs.		
d	Florenz ist wirklich eine tolle Stadt.		
e	Wir mögen sie sehr.		
f	Am Vormittag lernen wir Italienisch.		
g	Unser Lehrer heißt Flavio.		
h	Meine Freundin mag ihn.		
i	Am Nachmittag besichtigen wir die Stadt.		
j	Und abends essen wir gern italienische Spezialitäten.		
k	Das italienische Essen schmeckt so gut.		

Einige Verben haben eine Dativ-Ergänzung:

wer/was?   wem?

(Nominativ) —— helfen/danken/gehören/gratulieren ... —— (Dativ)   **Das Kleid** passt **mir.**

weitere Verben mit Dativ-Ergänzung:

antworten, danken, helfen, gehen (Wie geht es dir?), gefallen, gehören, gratulieren, leidtun (es tut mir leid), passen, stehen, begegnen, einfallen, gelingen, weiterhelfen, widersprechen, zuhören, zustimmen

➜ **Eine Liste der wichtigsten Verben mit Dativ-Ergänzung finden Sie auf Seite 155.**

Formen

➜ **Kasus, Seite 12**
➜ **Artikel, ab Seite 16**
➜ **Pronomen, ab Seite 26**

Wortstellung

	Position 2	
Der Frau	steht	das Kleid gut.
Das Kleid	steht	der Frau gut.

➜ **Wortstellung, Seite 116**

A1 **1** **Wem gehört …? Ergänzen Sie.**

a Wem gehört das Auto vor der Tür? – *Dem Freund von Florian*............ (der Freund von Florian)
b Wem gehört der Kaffee? – .... (die Sekretärin)
c Wem gehört der Ball? – .... (das Mädchen)
d Wem gehören die Fahrräder? – .... (die Kinder)

A1 **2** **Ergänzen Sie.**

a Kai hat heute Geburtstag. Hast du *ihm*.............. schon gratuliert?
b Wem gehört der Schlüssel? – .... Ich habe ihn heute Morgen hier vergessen.
c Hallo, Max, hallo, Susanna! Wie geht es ....?
d Lara versteht die Hausaufgabe nicht. Kannst du .... helfen?
e Du siehst toll aus in dem Kleid. Das steht .... wirklich sehr gut.
f Wie geht es deinen Eltern? – Danke. Zurzeit geht es .... ganz gut.

A1 **3** **Alles falsch. Hier sind die Verben durcheinandergeraten. Korrigieren Sie.**

     gefällt
a Wie ~~schmeckt~~ euch die neue Wohnung?

b Wem *passt* dieser Stift?

c Mir *gratuliert* dieser Rock gar nicht. Haben Sie ihn auch in Größe 42?

d Hm, der Kuchen *gehört* mir so gut. Kann ich noch ein Stück haben?

e Michaela hat heute Geburtstag. Wir müssen ihr noch *gefallen*.

A2 **4** **Der nette Kunde aus Italien. Akkusativ oder Dativ? Kreuzen Sie an.**

a Unser netter Kunde aus Italien hat ☐ mich ☐ mir gerade angerufen.
b Es hat ☐ ihn ☐ ihm wieder sehr gut bei uns gefallen.
c Er sagt, wir haben ☐ ihm ☐ ihn sehr weitergeholfen.
d Er dankt ☐ dich ☐ dir auch sehr.
e Er will ☐ mich ☐ mir und das ganze Team nach Italien einladen.
f Und ich würde ☐ ihn ☐ ihm und seine Frau gern mal besuchen. Kommst du mit?

B1 **5** **Familie im Dativ. Schreiben Sie Sätze.**

a Peter / widersprechen / seine Eltern / oft / .
b Ich / gestern / begegnen / meine erste Liebe / zufällig / in der Stadt / .
c Mein Vater / einfallen / immer / gute Ideen / .
d Ich / zuhören / meine Tochter / beim Klavierspielen / gern / .
e Was / ich / sollen / raten / bloß / mein Vater / ?

a Peter widerspricht seinen Eltern oft.

Ich gebe Ihnen Geld!

Sie machen mir Angst. Tun Sie mir nichts. Ich gebe Ihnen Geld.

Er hat es mir geschenkt. Das müssen Sie mir glauben.

Erzähl mir doch keine Geschichten!

Viele Verben haben eine Akkusativ-Ergänzung. Wenn eine zweite Person dazukommt, für die man etwas tut (z.B. eine Geschichte erzählen), dann steht diese Person im Dativ.

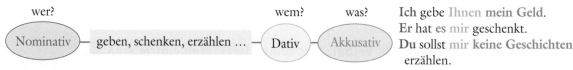

wer?

Nominativ — geben, schenken, erzählen ... — Dativ — Akkusativ

wem? was?

Ich gebe Ihnen mein Geld.
Er hat es mir geschenkt.
Du sollst mir keine Geschichten erzählen.

Ich erzähle eine Geschichte.
Ich erzähle dir eine Geschichte.

Formen

➡ 1.03, Kasus, Seite 12
➡ 2.01–2.05, Artikel, ab Seite 16
➡ 3.01–3.04, Pronomen, ab Seite 26

Wortstellung

	Position 2		Ende
Er	hat	dem Dieb das Geld	gegeben.
Das Geld	hat	*er* dem Dieb	gegeben

Wenn das Subjekt nicht auf Position 1 steht, dann steht es immer direkt hinter dem Verb.

	Position 2		Ende
Er	hat	ihm das Geld	gegeben.
Er	hat	es dem Dieb	gegeben.
Er	hat	es ihm	gegeben.

Wenn Pronomen im Satz stehen, ändert sich die Satzstellung.

➡ Wortstellung, ab Seite 116

A1

1 Alles ist anders.

a Was passt zusammen? Ordnen Sie zu.

A B C D

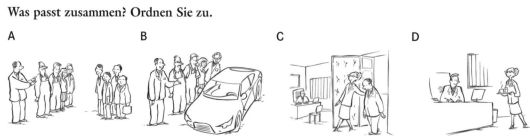

1   Der Chef zeigt den Mitarbeitern das neue Auto.   *B*
2   Die Sekretärin bringt dem Chef einen Kaffee.   ☐
3   Der Chef zeigt die Mitarbeiter.   ☐
4   Die Sekretärin bringt den Chef.   ☐

b   Markieren Sie in den Sätzen den Akkusativ und den Dativ .

A2   **2**   **Im Restaurant. Schreiben Sie Sätze.**

a   Ein Kellner / holen / die Gäste / die Speisekarte
b   Er / empfehlen / das Paar / ein Wein
c   Eine Kellnerin / servieren / die Leute / das Essen
d   Sie / bringen / die Frau / ein Salat / und / der Mann / ein Steak
e   Der Gast / gibt / die Kellnerin / ein Trinkgeld

a   Ein Kellner holt den
Gästen die Speisekarte.

A2   **3**   **Markieren Sie in Ihren Sätzen in Aufgabe 2:** Wer? (Nominativ), Wem? (Dativ) **und**
Was? (Akkusativ) und tragen Sie die Wörter in die Tabelle ein.

	Wer?	Wem?	Was?
holen	*ein Kellner*	*den Gästen*	*die Speisekarte*

A2   **4**   **Wo steht was?**

1   **Ergänzen Sie** *D* **(Dativ) oder** *A* **(Akkusativ).**

a   Wir schenken   *D* den Kindern   *A* den Computer.
b   Wir schenken   ☐ ihn   ☐ den Kindern.
c   Wir schenken   ☐ ihnen   ☐ den Computer.
d   Wir schenken   ☐ ihn   ☐ ihnen.

2   **Ergänzen Sie** *D* **(Dativ) oder** *A* **(Akkusativ) und schreiben Sie Sätze wie in a.**

a   Geben Sie   ☐ der Arzthelferin bitte   ☐ Ihre Versicherungskarte.
b   Geben Sie   ☐ .... bitte   ☐ ....
c   Geben Sie   ☐ .... bitte   ☐ ....
d   Geben Sie   ☐ ....   ☐ .... bitte.

A2   **5**   **Berufliches und Privates. Schreiben Sie Sätze.**

a   ● Hat Frau Wedeke die Rechnung schon bezahlt ?
   ▲ Nein, ich habe ..*sie*........ ...*ihr*....... ja auch erst gestern geschickt.
b   ● Können Sie bitte das Fax in mein Büro bringen?
   ▲ Ja, Herr Meier, ich bringe .... sofort.
c   ● Hast du Peter das Fahrrad geschenkt? ▲ Nein, ich habe .... nur geliehen.
d   ● Erzählst du uns die Geschichte noch mal?
   ▲ Ach, nicht schon wieder, ich habe .... doch schon so oft erzählt.
   ● Das macht nichts. Bitte erzähl .... noch einmal. Sie ist so lustig.

Viele Verben haben eine feste Präposition, z.B. *glauben **an**, sich interessieren **für**, sich freuen **über**, …*

sich freuen über + Akk.	Ich freue mich über deine Antwort.
arbeiten an + Dativ	An dem Text sollten Sie vielleicht noch etwas arbeiten.

Präpositionen mit Akkusativ	Präpositionen mit Dativ
Sie haben die ganze Zeit an dich gedacht.	Sie haben die ganze Zeit von dir geredet.
auch so:	*auch so:*
auf: sich freuen auf, Lust haben auf, …	mit: sprechen/reden mit, sich treffen mit, sich
für: sich interessieren für, …	verabreden mit, zufrieden sein mit, …
über: sich ärgern über, sprechen/reden über, …	von: sprechen von, träumen von, …
um: sich kümmern um, …	

➡ **Liste der wichtigsten Verben mit Präpositionen, ab Seite 156**

Schreiben Sie Kärtchen zu den Verben mit festen Präpositionen.
Notieren Sie zu jedem Verb einen Beispielsatz.

> *sich freuen über + Akk.*
> *Ich freue mich über deinen Besuch.*

	Fragewörter	Pronomen
bei Sachen	**wo + Präposition** **Wovon** träumst du? (träumen **von**)	**da + Präposition** Endlich wieder **Urlaub! Davon** habe ich lange geträumt.
	wor + Präposition* **Woran** denkst du? (denken **an**)	**dar + Präposition*** **Urlaub! Daran** habe ich gerade gedacht.
bei Personen	**Präposition + Fragewort** **Von wem** träumst du? **An wen** denkst du?	**Präposition + Pronomen** Ich habe **von dir** geträumt. Ich habe **an sie** gedacht.

* an: woran, daran   über: worüber, darüber
   auf: worauf, darauf   um: worum, darum

A2 | **1** | **Ein Anruf im Büro. Ergänzen Sie die Präpositionen.**

> bei ● mit ● mit ● mit ● um

- ● Guten Tag, mein Name ist Fischer. Ich würde gern (1) ..*mit*... Frau Suter sprechen.
- ▲ Tut mir leid, Frau Suter arbeitet nicht mehr (2) .... uns.
- ● Hm. Ach so.
- ▲ Vielleicht kann ich Ihnen helfen?
- ● Mal sehen. Es geht um eine Rechnung. Wer kümmert sich denn jetzt (3) .... solche Sachen?
- ▲ Ach, da reden Sie am besten (4) .... Herrn Glaser. Moment, ich verbinde Sie (5) .... ihm.

A2 | **2** | **Lange nicht gesehen! Was ist richtig? Kreuzen Sie an.**

a
- ● Ach was!? Du interessierst dich jetzt für Yoga?
- ▲ Ja, seit ein paar Jahren interessiere ich mich sehr ☐ dafür ☐ für es.

b
- ● Und denkst du noch oft an Gaby?
- ▲ Ja, immer noch, ich muss jeden Tag ☐ daran ☐ an sie denken.

c
- ● Ich fange übrigens nächste Woche eine neue Arbeit an!
- ▲ Ach toll! Freust du dich schon ☐ auf sie ☐ darauf?
- ● Ja, klar. Aber ich bin auch ein bisschen nervös.

d
- ▲ Und hast du schon gehört: Tabea geht es gar nicht gut.
- ● Wirklich? Ich habe mich doch erst vor einem Monat ☐ mit ihr ☐ damit getroffen. Da war sie ganz gesund und munter.

e
- ● Erinnerst du dich eigentlich noch an Klaus Weber?
- ▲ Ja, natürlich erinnere ich mich ☐ daran ☐ an ihn. Warum fragst du?
- ● Du glaubst es nicht! …

A2 | **3** | **Fragen. Ergänzen Sie.**

a ● ..*Worüber*.....................
b ● ..*Über wen*.....................

ärgerst du dich denn so?

▲ Über meinen Computer.
▲ Über meine Mutter.

c ● ....
d ● ....

wartet Herr Gonzáles?

▲ Auf einen Anruf aus Mexiko.
▲ Auf einen Kunden.

e ● ....
f ● ....

geht es in dem Film?

▲ Um den Präsidenten der USA.
▲ Es geht um ein geheimnisvolles Buch.

B1 | **4** | **Schreiben Sie die Sätze anders.**

a Die Studenten freuen sich auf die Ferien. (bald Ferien haben)
b Denkst du bitte an die Milch? (Milch kaufen)
c Erinnert ihr mich bitte an die Briefe? (die Briefe zur Post bringen)
d Sie hat sich noch immer nicht von der vielen Arbeit letzten Monat erholt.
(so viel gearbeitet zu haben)

a Die Studenten freuen sich darauf, bald Ferien zu haben.

Gitti duscht sich.

Gitti wäscht sich
die Haare.

Markus ärgert sich.

Es gibt zwei Arten von reflexiven Verben: Verben, die immer reflexiv (mit *sich*) sind, und Verben mit oder ohne *sich*.

A **Verben mit *sich***

sich beeilen	Beeil **dich**!
sich kümmern um	Gitti kümmert **sich** nicht um ihren kleinen Bruder.
auch so: sich wohl/gut/schlecht fühlen, sich erkälten, ...	

B **Verben mit oder ohne *sich***

waschen + Akk.	Ich wasche meine Jeans.
sich (Akk.) waschen	Ich wasche **mich**.
sich (Dativ) waschen + Akk.*	Ich wasche **mir** die Haare.
auch so: (sich) anziehen, (sich) ausziehen, (sich) kämmen, ...	

* Wenn es ein Akkusativobjekt gibt, steht das Reflexivpronomen im Dativ.

Formen

		Reflexivpronomen Akkusativ				Reflexivpronomen Dativ	Akkusativ
ich	freue	mich		ich	wasche	mir	
du	freust	dich		du	wäschst	dir	
er/es/sie	freut	sich		er/es/sie	wäscht	sich	die Haare
wir	freuen	uns		wir	waschen	uns	
ihr	freut	euch		ihr	wascht	euch	
sie/Sie	freuen	sich		sie/Sie	waschen	sich	

Wortstellung

	Position 2	
Unsere Tochter	kümmert	sich heute mal um den Hund.
Heute	kümmert	sich unsere Tochter mal um den Hund.
Heute	kümmert	sie sich mal um den Hund.

➜ Wortstellung, ab Seite 116

A2 **1** **Reflexiv oder nicht? Was passt? Ordnen Sie zu.**

Sie putzt sich die Zähne. ● Sie zieht sich an. ● Sie putzt die Küche. ● Sie zieht die Puppe an.

A   B   C   D

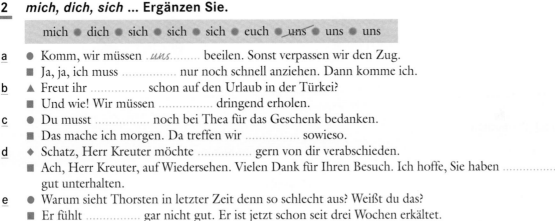

Sie putzt die Küche... ....

A2 **2** *mich, dich, sich ...* **Ergänzen Sie.**

mich ● dich ● sich ● sich ● sich ● euch ● uns ● uns ● uns

a ● Komm, wir müssen *uns* beeilen. Sonst verpassen wir den Zug.
  ■ Ja, ja, ich muss .... nur noch schnell anziehen. Dann komme ich.
b ▲ Freut ihr .... schon auf den Urlaub in der Türkei?
  ■ Und wie! Wir müssen .... dringend erholen.
c ● Du musst .... noch bei Thea für das Geschenk bedanken.
  ■ Das mache ich morgen. Da treffen wir .... sowieso.
d ◆ Schatz, Herr Kreuter möchte .... gern von dir verabschieden.
  ■ Ach, Herr Kreuter, auf Wiedersehen. Vielen Dank für Ihren Besuch. Ich hoffe, Sie haben ....
    gut unterhalten.
e ● Warum sieht Thorsten in letzter Zeit denn so schlecht aus? Weißt du das?
  ■ Er fühlt .... gar nicht gut. Er ist jetzt schon seit drei Wochen erkältet.

A2 **3** **Eine Liebesgeschichte. Wie heißen die Verben? Notieren Sie sie.**

Jeden Tag (1) EEHSN sich Klaudia und Robert im Bus auf dem
Weg zur Arbeit. Sie (2) EKNENN sich nicht, aber manchmal
(3) CLHLNÄE sie sich AN. An einem Morgen (4) EATUTENRHLN
sie sich. Am nächsten Tag (5) EERNAVBRDE sie sich. Sie wollen
zusammen essen gehen. Das machen sie auch. Sie essen in
einem schönen Restaurant und sie (6) NEVHRSTEE sich gut. An
diesem Abend (7) EERIVABSCHDEN sie sich mit Herzklopfen.
Von da an (8) EFFRETN sie sich jeden Tag und sie (9) BERLVIEEN
sich. Doch es geht nicht lange gut. Eines Tages (10) TTREISEN sie
sich und (11) RENNTEN sich. Ein Jahr später (12) NGEGBENE
sie sich wieder im Bus. Und alles fängt von vorne an ...

(1) sich sehen

A2 **4** **Schau genau! Dativ oder Akkusativ? Kreuzen Sie an.**

a Ich wasche ☒ mich ☐ mir nur mit Wasser und Olivenöl. Das ist das Beste für meine Haut.
  Wie oft wäschst du ☐ dich ☐ dir die Haare?
b Ich lege ☐ dich ☐ dir deinen Schlüssel in die Küche.
  Ich lege ☐ mich ☐ mir jeden Nachmittag für eine halbe Stunde hin.
c Meine Mitbewohnerin kämmt ☐ sich ☐ ihr jeden Morgen eine halbe Stunde vor dem Spiegel.
  Sie hat auch eine Katze. Sie kämmt auch ☐ sie ☐ ihr jeden Tag das Fell. Unglaublich, oder?

es hat verschiedene Funktionen:

A *es als Pronomen*

es steht für ein neutrales Nomen oder für einen ganzen Satz.	Dein neues Auto ist wirklich toll. Fährt es auch gut?
	● Wann kommt denn der nächste Bus?
	▲ Ich weiß es nicht.

B **Verben und Ausdrücke mit *es***

feste Wendungen	Es ist interessant, mit dir zu sprechen.
	Es ist gar nicht so einfach, auf drei kleine Kinder aufzupassen.
	Es gibt nichts Neues.
	auch so:
	es ist leicht/schwierig/schön/gut/klar/…
	Wie ist es? / Wie war es? / Wo tut es weh? / …
Tages- und Jahreszeiten	Pst, sei leise, es ist schon spät.
	Es ist drei Uhr.
	Es ist Mittag/Abend/früh …
	Es ist Sommer/Herbst …
	Es ist Montag/Wochenende/Ostern …
	Es sind Ferien. Es ist Urlaubszeit.
Wetter	Im Radio haben sie gesagt: Morgen regnet es.
	Es schneit / fängt an zu regnen/schneien.
	Es ist wolkig/sonnig/neblig/heiß/…
	Es sind fünfzehn Grad.
Befinden	Wie geht es Ihnen?

es steht auf Position 1, wenn man das Subjekt betont.
Wenn ein anderes Satzteil auf Position 1 steht, fällt *es* weg.

Es waren alle meine Freunde auf meiner Party.
Alle meine Freunde waren auf meiner Party.

31 **1 Ausdrücke mit *es*. Ordnen Sie zu.**

A   B   C

D    E

Es geht ihm nicht gut. ☐   Es ist 11 Uhr. ☐
Heute gibt es Wiener Schnitzel. ☐   Es regnet. ☐
Es ist Herbst. ☐

31 **2 Worauf bezieht sich *es*? Markieren Sie.**

a   Das Haus ist echt toll. **Es** ist total modern.
b   Weißt du, wann Juliane kommt? – Keine Ahnung, ich weiß **es** auch nicht.
c   Räum jetzt endlich dein Zimmer auf. Ich habe **es** dir schon dreimal gesagt.
d   Das Telefon klingelt. Geh endlich hin! – Ach, **es** hört schon wieder auf.

31 **3 Ausdrücke mit *es*. Ergänzen Sie. Achten Sie auf die richtige Wortstellung.**

a   Was? *Es ist* .... schon so *spät* ....? Da muss ich mich jetzt aber beeilen. (spät sein)
b   Sieh dir diese Schneemassen an. So viel .... die ganzen letzten Jahre nicht
    .... (hat geschneit)
c   Schau mal, die ersten Blumen kommen raus. Endlich ....
    (Frühling werden)
d   Ach, war das toll! .... dir auch so viel ....? (Spaß gemacht)
e   Ich habe solche Schmerzen. – Wo .... Ihnen denn genau ...., Frau
    Schindler? (wehtun)

B1 **4 Mit *es* oder ohne *es*? Ergänzen Sie *es* oder / .**

a   Der Film war ..../.... sehr interessant.
b   Was gibt .... denn heute Gutes zu essen?
c   .... hat geklingelt. Machst du mal auf?
d   Heute regnet .... noch, aber ab morgen scheint .... die Sonne.
e   Wir gehen .... heute ins Kino. .... kommen zurzeit viele gute Filme, die ich sehen möchte.
f   Am Wochenende war Yvan bei uns. .... war so schön, ihn wiederzusehen.
g   So, Nina, jetzt haben wir genug gelesen. – Mama, bitte, ich will doch wissen, wie .... weitergeht.
h   Entschuldigen Sie, wissen Sie, wie viel Uhr .... ist? – Ich weiß .... leider auch nicht.

Ich warte seit einer halben Stunde.

Mit temporalen Präpositionen *(um, bis, vor, …)* drückt man aus, wann etwas geschieht.

		Bedeutung	Beispiel
um		Uhrzeit	Sie treffen sich um acht.
bis		⟶× Endpunkt	Er hat bis sieben Uhr gearbeitet.
von (+ Dat.) … bis	+ Akk.	×⟶× Beginn (von)　　Endpunkt (bis)	Gestern hat er von acht bis halb neun gewartet.
für		(———) Zeitspanne	Nächste Woche fahren sie für zwei Wochen in Urlaub.
über		länger/mehr als	Er hat letzte Woche schon über zwei Stunden auf sie gewartet.
an/am		Tage Tageszeiten Datum	Ach, wir treffen uns am Dienstag? Am Abend hat er immer Zeit für sie. ⚠ in der Nacht Am 15. Mai wollen sie heiraten.
in/im		irgendwann in diesem Zeitraum Zeitpunkt in der Zukunft	Im Sommer geht er gern spazieren. In einer Stunde treffen sie sich.
vor nach	+ Dat.	(———)×(———) vor　　Zeitpunkt　　nach (Arbeit)	Schon vor der Arbeit ruft er sie an. Nach der Arbeit sieht er sie endlich.
seit		×⟶ Vergangenheit bis jetzt	Seit einer Woche kann er nicht mehr schlafen.
ab von … an		○—×⟶ jetzt　　Beginn	Ab morgen will er keinen Kaffee mehr trinken. Vom 1. Januar an will er nicht mehr rauchen.
bei		gleichzeitig	Schon beim Frühstück denkt er an sie.
während		gleichzeitig	Schon während des Frühstücks denkt er an sie.
innerhalb	+ Gen.	irgendwann in einem bestimmten Zeitraum	Er ist innerhalb der nächsten Stunde zu Hause.
außerhalb		nicht in einem bestimmten Zeitraum	Er wollte sie in der Firma anrufen. Aber er rief außerhalb der Geschäftszeiten an und konnte sie nicht erreichen.

1 Wann ist der Termin? Ergänzen Sie die Tabelle.

Mittag ● Sonntag ● zehn Uhr ● Wochenende ● Viertel nach drei ●
acht Uhr morgens ● Freitagvormittag ● halb eins ● sieben Uhr abends ● Abend

22. Dezember

am ....Mittag,..

um ....

2 am, in, um, von oder bis? Ergänzen Sie.

Dr. Stefan Schmidt
Mo bis Fr   8:30 – 13:00 Uhr
Di und Do 15:00 – 19:00 Uhr

● Guten Tag. Sagen Sie: Wie sind denn Ihre Sprechzeiten?

▲ Wir haben jeden Tag .... 8:30 .... 13 Uhr geöffnet.

.... Dienstag und Donnerstag haben wir auch .... Nachmittag Sprechstunde.

● Kann ich .... Montag gleich .... zehn kommen?

▲ Tut mir leid, das geht leider nicht. Wir haben erst .... einer Woche wieder Termine frei.

3 Wochen, Monate, Jahre ... Was ist richtig? Kreuzen Sie an.

a Wann habt ihr euch kennengelernt?
Vor   ☐ drei Jahren.
      ☐ drei Jahre.

c Wie lange lebt ihr schon hier in Wien?
Über   zwei Monate.
       zwei Monaten.

b Und wie lange seid ihr schon verheiratet?
Seit   ☐ zwei Monate.
       ☐ zwei Monaten.

d Wann fahrt ihr in Urlaub?
In   zwei Monaten.
     zwei Monate.

4 Klassentreffen. Ergänzen Sie vor oder seit.

● Du wohnst jetzt in Ägypten? Ist ja toll. Und wann bist du dorthin gezogen?

▲ .... drei Jahren.

● Und wie lange lebst du schon in Kairo?

▲ Wir leben dort .... fünf Monaten.

● Wir? Bist du etwa verheiratet? .... wann denn?

▲ .... fünf Jahren schon. Und .... einem Jahr haben wir eine Tochter bekommen.

5 In der Stadt. Ergänzen Sie: ab, vom ... an, von ... bis.

A
Liebe Kunden, ... 1. Juni .... haben
wir für Sie jeden Tag .... 8 .... 19 Uhr
geöffnet.

B
Wir machen Urlaub.
.... Montag, 23.8., sind wir
wieder für Sie da.

6 Am Telefon. innerhalb, außerhalb oder während? Ergänzen Sie.

a Leider rufen Sie .... unserer Sprechzeiten an. Bitte versuchen Sie es später noch einmal.
Danke.

b Hallo, Maya, ich wusste, dass du es bist. Du rufst immer .... meiner Mittagspause an.

c Könnten Sie bitte später noch mal anrufen? Mein Mann ist jetzt nicht da, aber er kommt bestimmt
.... der nächsten halben Stunde nach Hause.

Ich bin vor euch.

Mit den Wechselpräpositionen beschreibt man:
eine Bewegung in eine Richtung (Wohin?) oder eine Position (Wo ist etwas?).

		Wohin? (+ Akkusativ)	Wo? (+ Dativ)
in		Die Schildkröte geht ins Wasser.	Die Schildkröte ist im Wasser.
auf		Jemand setzt die Schildkröte auf einen Stein.	Die Schildkröte ist auf einem Stein.
über		Ein Vogel fliegt über die Schildkröte.	Über der Schildkröte **sitzt** ein Vogel.
unter		Jemand setzt die Schildkröte unter einen Baum.	Die Schildkröte sitzt unter einem Baum.
an		Die Schildkröte geht an die Käfigtür.	Die Schildkröte sitzt an der Käfigtür.
vor		Jemand legt Salat vor die Schildkröte.	Der Salat liegt vor der Schildkröte.
hinter		Die Schildkröte geht hinter einen Stein.	Die Schildkröte steht hinter einem Stein.
neben		Die Schildkröte setzt sich neben eine andere Schildkröte.	Die Schildkröte sitzt neben einer anderen Schildkröte.
zwischen		Die Schildkröte läuft zwischen die Steine.	Die Schildkröte schläft zwischen den Steinen.

⚠ im = in dem / ins = in das; am = an dem / ans = an das

stehen oder *stellen?*

keine Bewegung	Bewegung
sitzen Tom sitzt auf dem Stuhl.	(sich) setzen Tom setzt sich auf den Stuhl.
stehen Tom steht vor der Tür.	(sich) stellen Tom stellt sich vor die Tür.
hängen Das Bild hängt an der Wand.	hängen Wir hängen das Bild an die Wand.
liegen Tom liegt gern bis 12 Uhr im Bett.	(sich) legen Tom legt sich nicht vor Mitternacht ins Bett.

Die Verben ohne Bewegung sind unregelmäßig (*saß – hat gesessen*).

Die Verben der Bewegung sind regelmäßig (*setzte sich – hat sich gesetzt*).

1 **Sara sucht Ostereier. Wo sind die Eier? Ergänzen Sie die Präpositionen.**

A

Ein Ei ist .... den Büchern.

B

Ein Ei ist .... dem Radio.

C

Ein Ei ist .... den CDs.

D

Ein Ei ist .... dem Sofa.

E

Ein Ei ist .... dem Fernseher.

F

Ein Ei ist .... der Blume, ... der Tasse.

G

Ein Ei ist .... dem Foto.

H

Und ein Ei ist schon .... Saras Mund.

2 **Morgens um acht im Büro. Ergänzen Sie die Präposition mit dem Artikel im Akkusativ oder Dativ.**

Martin ist wie immer pünktlich um 8.00 Uhr (1) (in) *im*........ Büro. Seine Kollegin telefoniert bereits (2) (in) .... Nebenzimmer. Martin stellt seinen Laptop (3) (auf) .... Tisch. (4) (auf) .... Tisch wartet schon viel Arbeit auf ihn. Er schaltet seinen Laptop an und sieht (5) (in) .... sein............. Mail-Postfach 48 neue E-Mails. Oje. Martin geht erst einmal (6) (in) .... Küche, um Kaffee zu holen. (7) (in) .... Küche steht noch der alte Kaffee von gestern. Igitt! Er macht sich einen frischen Kaffee, denn er war gestern (8) (auf) .... Feier von einem Freund und ist viel zu spät (9) (in) .... Bett gegangen. Dann geht er zurück (10) (in) .... Büro. Der Tag kann beginnen.

das Zimmer
der Tisch
das Postfach
die Küche
die Feier
das Bett
das Büro

3 **Montagmorgen im Supermarkt.**

1 *setzen, legen, stellen* oder *hängen*? Ergänzen Sie in der richtigen Form.

a Die Mitarbeiter *stellen*..... neue Produkte in die Regale.
b Andere .... frisches Obst und Gemüse in die Kisten.
c Der Chef .... die Schilder mit den Sonderangeboten an die Wände.
d Die Kassiererinnen .... sich an die Kasse.

2 Wo sind die Dinge/Personen aus 1? Ergänzen Sie *sitzen, stehen, liegen* oder *hängen*.

a Die neuen Produkte .... in den Regalen.
b Das frische Obst und Gemüse .... in den Kisten.
c Die Schilder mit den Sonderangeboten .... an den Wänden.
d Die Kassiererinnen .... an der Kasse.

4 **Bewegung oder keine Bewegung? Was ist richtig? Kreuzen Sie an.**

a Ich ☒ stelle ☐ stehe den Topf auf den Herd.
b Das Essen ☐ stellt ☐ steht auf dem Herd.
c Die Katze ☐ sitzt ☐ setzt auf dem Sofa.
d Ich ☐ sitze ☐ setze mich auf das Sofa neben die Katze.

Agententhriller

Sie kommt aus dem Haus.

Sie sitzt im Auto und fährt nach Norden.

Sie ist jetzt außerhalb der Stadt und fährt den Fluss entlang.

Sie kommt an einer Fabrik vorbei.

Sie fährt durch einen Tunnel.

Sie hält gegenüber einer Tankstelle.

Sie geht um ein Schild herum.

Auf dem Schild steht ...

A Präpositionen für Wegbeschreibungen

		Bedeutung	Beispiel
durch			Sie fährt durch einen Tunnel.
um ... herum	+ Akk.		Sie geht um ein Schild herum.
entlang ▲ steht nach dem Nomen			Sie fährt den Fluss entlang.
an ... vorbei	+ Dat.		Sie kommt an einer Fabrik vorbei.
gegenüber (auch Gen. möglich)			Sie hält gegenüber einer Tankstelle.
außerhalb	+ Gen.	✗	Sie ist außerhalb der Stadt.
innerhalb		✗	Sie ist innerhalb der Stadt.

B Weitere lokale Präpositionen

Woher?	Wo?	Wohin?
aus Berlin, Österreich ▲ aus der Schweiz / den USA aus dem Haus vom Arzt von zu Hause	in Berlin, Österreich ▲ in der Schweiz / den USA im Haus beim Arzt zu Hause	nach Berlin, Österreich ▲ in die Schweiz / die USA in das Haus zum Arzt nach Hause

▲ beim = **bei** + dem
im = **in** + dem
zum = **zu** + dem; zur = **zu** + der

▲ aus
bei
zu
von ⎫ + Dativ

A1 **1** **Sprachkurs Deutsch**

1 **Woher kommen die Teilnehmer?**

a Metin / die Türkei   d Sascha / die Ukraine
b Svetlana / Russland   e Adriana / Brasilien
c Amir / der Iran

> a *Metin kommt aus der Türkei.*

2 **Wie oft fahren sie in ihre Heimat? Ergänzen Sie *in* oder *nach* und den Artikel – wenn nötig.**

a Metin fährt einmal im Jahr .*in die*...... Türkei.
b Svetlana fliegt .... Russland, sooft es geht, und besucht ihre Eltern.
c Amir fliegt im Sommer wieder .... Iran.
d Sascha fährt nach dem Sprachkurs zurück .... Ukraine. Er lebt dort.
e Adriana fliegt alle ein bis zwei Jahre .... Brasilien.

A2 **2** **Woher, wo und wohin? Ergänzen Sie die Präpositionen *aus, von, in, nach, zu, bei* und die Artikel in der richtigen Form.**

Woher kommst du denn?	Wo warst du?	Wohin fährst du?
a .*Aus der*..Schule.	.... Schule.	.... Schule.
b .... Hause.	.... Hause.	.... Hause.
c .... Stuttgart.	.... Stuttgart.	.... Stuttgart.
d .... meiner Freundin.	.... meiner Freundin.	.... meiner Freundin.
e .... Büro.	.... Büro.	.... Büro.
f .... Spanien.	.... Spanien.	.... Spanien.
g .... Niederlanden.	.... Niederlanden.	.... Niederlande.

B1 **3** **Mein täglicher Weg zur Arbeit. Ergänzen Sie.**

> außerhalb ● innerhalb ● durch ● an ... vorbei ● um ... herum ● entlang ● gegenüber

Ich wohne in der Stadt, aber meine Firma liegt
.*außerhalb*. der Stadt.
Früher bin ich mit dem Auto gefahren. Aber seit
Kurzem gibt es (1) .... von unserem Haus ein
Fahrradgeschäft. Dort habe ich mir ein Fahrrad gekauft.
Jetzt fahre ich jeden Tag mit dem Rad. Zuerst muss ich
(2) .... die Stadt fahren. Aber dann fahre ich
fast die ganze Zeit den Fluss (3) .... Und ich
komme auch (4) .... schönen Cafés
.... Am Ende fahre ich noch (5) ....
ein Feld .... Jetzt im Sommer blüht da alles.
Wunderbar. Aber wohnen möchte ich da nicht. Da gibt
es ja gar nichts. Kein Geschäft, kein Kino ... Nein, ich
bin froh, dass ich (6) .... der Stadt wohne.

Ohne Walter ist es schwer.

Mit modalen Präpositionen *(für, ohne, mit, ...)* drückt man aus, wie etwas ist, auf welche Art und Weise man etwas tut.
Mit kausalen Präpositionen *(wegen, trotz)* drückt man einen Grund, eine Ursache aus.

		Beispiel
für	+	So ein Tandem ist super für Paare.
ohne	Akk.	Heute muss Yvonne leider ohne Walter fahren.
zu		Sie haben das Tandem zur Hochzeit bekommen.
von	+	Das Tandem ist ein Geschenk von Walters Bruder.
mit	Dat.	Sie könnten auch mit dem Auto fahren.
aus		Walters neue Jacke ist aus Leder.
außer		Alle außer ihm fahren gern Tandem.
wegen		Wegen des guten Wetters fahren sie mit dem Tandem.
statt (anstatt)	+ Gen.	Statt des Tandems hätte Walter lieber das Auto genommen.
trotz		Trotz des schönen Wetters ärgert er sich.

⚠ zum = **zu** + dem, zur = **zu** + der

⚠ In der gesprochenen Sprache hört man nach *wegen, statt, trotz* oft den Dativ.

A2 **1** *mit* **oder** *ohne*? **Ergänzen Sie.**

<u>a</u>   ● Wie möchtest du deinen Kaffee? ..*Mit*........ Milch und Zucker?

    ▲ Nur .... Milch, aber .... Zucker.

<u>b</u>   ● Wo ist denn deine Brille? .... deine Brille siehst du ganz anders aus.

<u>c</u>   ● Kommst du heute .... deinem neuen Freund auf Tinas Party?

    ▲ Nein, ich komme .... ihn.

<u>d</u>   ● Schau mal, da ist wieder der alte Mann .... seinem Hund.

    ▲ Ja, den kenne ich auch vom Sehen. .... seinen Hund geht er nirgends hin.

A2 **2** Der Kuchen ist ... Ergänzen Sie *von, mit, ohne, zu, für*.

Der Kuchen ist ...
.... meine Mutter.
.... mir.
.... ihrem Geburtstag.
.... Nüsse. Meine Mutter mag nämlich keine Nüsse.
Aber .... viel Schokolade. Meine Mutter liebt Schokolade.

B1 **3** Mein Geburtstag. Hier sind die Präpositionen durcheinander. Korrigieren Sie.

a	Alle waren da. Nur Thomas nicht.	Alle ~~für~~ *außer* Thomas waren da.
b	Von Gundel habe ich eine bunte Holzkette bekommen.	Von Gundel habe ich eine bunte Kette *statt* Holz bekommen.
c	Miriam hat mir das Buch geschenkt.	Ich habe das Buch *außer* Miriam bekommen.
d	Ich habe mich nicht so über die CD von meinem Freund gefreut. Von ihm hätte ich lieber Blumen bekommen.	Von meinem Freund wollte ich lieber Blumen *zu* einer CD.
e	Ich habe mich sehr gefreut, dass Helga extra aus den USA gekommen ist.	*Von* meiner großen Freude ist Helga aus den USA auch gekommen.
f	Ich finde, das war ein sehr schöner Geburtstag.	*Aus* mich war das ein sehr schöner Geburtstag.

B1 **4** Aus der Presse. *wegen, anstatt* oder *trotz*? Was passt? Kreuzen Sie an.

A

Hannover-Messe: Besucherrekord
☐ Wegen ☐ Trotz der Wirtschaftskrise hat die Hannover Messe dieses Jahr 210.000 Besucher gezählt. Die Veranstalter zeigten sich am Freitag sehr erfreut.

B

Kein Empfang im X-Net
Am gestrigen Dienstagnachmittag hatte ein Großteil der deutschen X-Net-Kunden keinen Handyempfang. ☐ Anstatt ☐ Wegen dieser bisher größten Panne bei X-Net konnten Millionen Kunden weder telefonieren noch SMS empfangen.

C

Jeder Fünfte in Deutschland nutzt Versandapotheken
Immer mehr Deutsche kaufen bei Versandapotheken: Mehr als ein Fünftel der Verbraucher bestellt ☐ anstatt ☐ trotz der teureren Produkte in „normalen" Apotheken hin und wieder Medikamente per Telefon oder im Internet.

Mit Temporaladverbien *(jetzt, gleich, bald, ...)* macht man Angaben zur Zeit.
Adverbien haben immer die gleiche Form, das heißt, man kann sie nicht deklinieren.

Bedeutung		Beispiel
Zeitpunkt	heute, morgen, übermorgen, gestern, vorgestern jetzt, sofort, gleich, bald, früh, später, ...	Wir essen heute im Restaurant. Wir möchten jetzt zahlen.
Wiederholung / Häufigkeit	morgens, mittags, abends, ... montags, dienstags, ... immer, manchmal, oft, selten, täglich, ...	Mittags essen wir in der Kantine. Montags haben viele Restaurants geschlossen. Wir gehen sonntags oft ins Café.
Reihenfolge	zuerst, erst, dann, danach, anschließend, schließlich, zuletzt, ...	Zuerst gehen wir in ein Café. Danach fahren wir in die Disco.

➡ **Wortstellung, ab Seite 116**

A2   **1   Der „Tante-Emma-Laden"**

a   Tante Emmas Woche. Sagen Sie es anders.

Tante Emma hat einen kleinen Laden. ..*Morgens*.............. (jeden Morgen) steht Tante Emma um 6 Uhr auf. .... (am Montag) steht sie noch früher auf und kauft für den Laden ein. Sie macht .... (jeden Mittag) eine Stunde Pause. Sie schließt den Laden .... (am Abend) um 18 Uhr. .... (jeden Samstag) schließt Emma ihren Laden schon .... (am Mittag). .... (am Nachmittag) geht sie dann spazieren.

b   Früher und heute. Ergänzen Sie.

> abends ● früh ● heute ● immer ● meistens ● oft ● mittags

So wie bei Tante Emma war das früher. .... kaufen die Menschen ...*meistens*......... im Supermarkt ein. Die meisten Supermärkte öffnen schon .... am Morgen, haben .... auch geöffnet und sind .... länger offen als kleine Läden. Fast .... sind die Supermärkte auch billiger. Gibt es noch viele „Tante-Emma-Läden"? Leider nein. .... mussten sie für immer schließen.

B1   **2   Meine Woche. Ergänzen Sie.**

> dann ● dann ● gestern ● morgen ● übermorgen ● vorgestern ● vorher ● vorher ● zuerst

	Montag	Dienstag	Mittwoch	Donnerstag	Freitag
Vormittag	Zahnarzt		Einkaufen	Wäsche waschen	Einkaufen
Nachmittag	Schwimmbad	Sport	Friseur Frau Meier zum Arzt bringen	Putzen	Kochen
Abend	Besuch bei Eltern		Tanzen		Party

Heute ist Mittwoch. Ich möchte heute viel tun: ..*Zuerst*......... muss ich einkaufen, ... habe ich einen Termin beim Friseur und bringe meine Nachbarin zum Arzt. .... gehe ich zum Tanzen. .... bin ich ins Schwimmbad gegangen. .... war ich noch beim Zahnarzt. .... war ich am Nachmittag beim Sport. .... bin ich wahrscheinlich zu Hause. Ich muss nämlich Wäsche waschen und putzen. .... gebe ich am Abend eine Party. .... muss ich noch einkaufen und kochen.

Oben *ist der Himmel.* Unten *ist das Meer.*

Oben ist der Himmel.
Unten ist das Meer.
Vorne sitzt Frau Meier.
Hinten sitzt Herr Behr.

Von da sind sie gekommen
und fliegen jetzt nach dort.

Nanu, ich sehe sie nirgendwo.
Sehen Sie sie irgendwo?
Tja, jetzt sind sie fort.

Lokal- und Direktionaladverbien *(hier, dort, links, ...)* antworten im Satz auf die Fragen *Woher?*, *Wo?* oder *Wohin?*.
Adverbien haben immer die gleiche Form, das heißt, man kann sie nicht deklinieren.

Woher?		Wo?		Wohin?	
von	hier	hier		hierhin	
	da/dort	da/dort		da-/dorthin	
von	links	links		**nach**	links
	rechts	rechts			rechts
von	oben	oben		**nach**	oben
	unten	unten			unten
	vorn(e)	vorn(e)			vorn(e)
	hinten	hinten			hinten
von	drinnen	drinnen		**nach**	drinnen
	draußen	draußen			draußen
von	überallher	überall		überallhin	
von	nirgendwo	nirgendwo/nirgends		nirgendwohin	
	irgendwo	irgendwo		irgendwohin	
her-				**hin-**	
herauf, herunter, herein, heraus, herüber				hinauf, hinunter, hinein, hinaus, hinüber	
In der gesprochenen Sprache oft: rauf, runter, rein, raus, rüber				*In der gesprochenen Sprache oft:* rauf, runter, rein, raus, rüber	

⚠ Oft kombiniert man zwei Adverbien oder mehr miteinander:
Da hinten rechts sitzt Herr Behr.

Adverbien können ein Nomen näher beschreiben. Dann stehen sie rechts vom Nomen:
Das Auto **da rechts** gehört mir.

Adverbien können ein Nomen mit Präposition näher beschreiben. Dann stehen sie links davon:
Da links auf dem Foto ist Tobi, mein Freund.

➡ **Orts- und Richtungsangaben, ab Seite 98**

1 Wo, wohin oder woher? Kreuzen Sie an.

		woher?	wo?	wohin?
	● Wo ist nur mein Handy?			
a	▲ Such doch mal in der Küche. <u>Dort</u> habe ich es gestern gesehen.	☐	☒	☐
b	▲ Oder auf dem Schreibtisch? <u>Dahin</u> legst du es doch oft.	☐	☐	☐
c	● Nein, <u>da</u> ist es auch nicht.	☐	☐	☐
d	▲ Oder such mal <u>oben</u>, im ersten Stock.	☐	☐	☐
e	● Hach, nein, <u>nach oben</u> habe ich es sicher nicht mitgenommen.	☐	☐	☐
f	▲ Hey, sieh mal. <u>Da oben</u>, ganz <u>hinten</u> im Regal ist doch etwas!	☐	☐	☐
g	● Ja, tatsächlich – <u>von hier unten</u> kann man das fast nicht sehen.	☐	☐	☐

2 Unsere Firma

1 Wo sitzt Herr Stengel? Notieren Sie die Namen und die Zimmer.

Unsere Abteilung ist im 1. Stock. Herr Stengel sitzt in dem Zimmer ganz links. Rechts daneben arbeitet Frau Guhl. Noch ein Zimmer weiter rechts sitzen Frau Stippel und Herr Hager. Ganz rechts sind unsere Teeküche und die Toilette.
Unten am Empfang sitzt Frau Mai und ihr gegenüber, ganz rechts, Frau Sterner.
Eine Kantine haben wir auch, die ist oben, im 2. Stock. Und links daneben ist die Personalabteilung. Dort arbeitet Herr Baur.

1 Herr Stengel

2 Wohin gehen Sie? Kreuzen Sie an.

a ● Kommen Sie mit ☐ hinauf ☐ herauf in die Kantine?
   ▲ Nein, heute nicht. Bei dem schönen Wetter gehe ich ein bisschen ☐ draußen ☐ nach draußen.
   ● Das ist eine gute Idee. Man sitzt viel zu oft hier ☐ drinnen ☐ von drinnen.

b ● Wo sitzt denn Frau Mai? Ich finde ihr Zimmer nicht.
   ▲ Frau Mai? Die sitzt einen Stock weiter ☐ nach unten ☐ unten. Nehmen Sie die Treppe und gehen Sie dann ☐ nach rechts ☐ von rechts.

c ● Fahren Sie auch ☐ oben ☐ nach oben?
   ▲ Ja, wir haben einen Termin beim Chef.

3 Wo ist die Tasche? Was passt? Ergänzen Sie.

irgendwohin ● irgendwo ● nirgendwo ● überall ● überallhin

● Wo ist meine gelbe Handtasche? Ich habe schon .... gesucht, aber ich kann sie .... finden.
▲ Du hast sie wahrscheinlich .... verloren.
● Aber ich habe sie doch heute gar nicht mitgenommen.
▲ Aber du nimmst sie doch sonst .... mit.
● Du hast recht. .... habe ich sie mitgenommen. Wohin war das nur?

Das ist wirklich toll.

Dass ihr heute alle hier seid ..., das ist wirklich toll, ... es ist sehr lieb, ... und ... ähm ... auch besonders nett.

Rainers Tischrede war leider nicht so interessant.

Gradpartikeln (*sehr, besonders, wirklich, ...*) benutzt man zur Verstärkung (+) oder Abschwächung (–).

Das ist toll.

Das ist wirklich toll. (+)   Das ist nicht so toll. (–)

A

Verstärkung von Adjektiven/Adverbien		
sehr	++	Auf Rainers Party habe ich mich sehr gut amüsiert.
besonders	++	Besonders gern mag ich seine Freundin Marion.
total	++	Auch dieses Mal war sie total nett.
wirklich	++	Das Essen war wirklich gut.
echt	++	Und auch die Musik war echt super.
ziemlich	+	Am Ende waren wir alle ziemlich müde.

B

Abschwächung von Adjektiven/Adverbien		
nicht so	–	Rainers Tischrede war leider nicht so interessant.
nicht besonders	–	Der Wein war auch nicht besonders gut.
gar nicht	– –	Und leider war auch Uwe da, den finde ich gar nicht nett.
überhaupt nicht	– –	Uwe redet viel, aber seine Geschichten finde ich überhaupt nicht lustig.

Wortstellung

Die **Partikeln** stehen links von dem <u>Wort</u>, das sie verstärken oder abschwächen:
Rainers Tischrede war **nicht so** <u>interessant</u>.

B1 **1   Wie ist Manuel und was kann er? Markieren und ergänzen Sie.**

<u>a</u>   Manuel hat ..*ziemlich*.. viel Humor.   (+)   [echt / ziemlich]
<u>b</u>   Er ist .... lieb und herzlich.   (++)   [nicht so / echt]
<u>c</u>   Kochen kann er .... gut.   (– –)   [gar nicht / nicht besonders]
<u>d</u>   Seine Kinder finden sein Essen .... lecker.   (– –)   [nicht so / überhaupt nicht]
<u>e</u>   Manuel singt .... gern.   (++)   [ziemlich / total]
<u>f</u>   Nur singt er leider .... gut.   (–)   [nicht besonders / überhaupt nicht]
<u>g</u>   .... interessant finde ich sein Hobby: Synchronschwimmen.   (++)   [besonders / ziemlich]

31 **2** **Wie war das Buch? Kreuzen Sie an.**

- ● Wie hat dir das Buch gefallen?
- ▲ Ich fand es ☒ nicht so ☐ wirklich gut.
- ● Nein? Also, ich fand es ☐ überhaupt nicht ☐ total toll.
  Ich habe schon viele Bücher von dem Autor gelesen, und dieses
  Buch fand ich ☐ besonders ☐ gar nicht gut.
- ▲ Echt? Aber es war doch ☐ sehr ☐ überhaupt nicht spannend.
- ● Spannend nicht, aber die Liebesbeziehung war ☐ nicht so
  ☐ sehr schön beschrieben.
- ▲ Das vielleicht. Aber Liebesgeschichten interessieren mich ☐ nicht besonders ☐ besonders.
- ● Das kann ich ☐ gar nicht ☐ nicht so glauben. Du bist doch sonst auch ☐ gar nicht
  ☐ ziemlich gefühlvoll!
- ▲ Ja, das schon. Aber Bücher mit zu viel Gefühl mag ich ☐ ziemlich ☐ wirklich nicht so.

B1 **3** **Ängstliche Kranke. Ergänzen Sie.**

a

> ziemlich ● total ● überhaupt nicht ● nicht so

- ● Herr Doktor! Oh! Es geht mir .... gut.   (– –)
- ▲ Was fehlt Ihnen denn? Sie sehen doch .... fit aus.   (+)
- ● Mein Hals tut .... weh, ich habe sicher eine schreckliche   (++)
  Krankheit!
- ▲ Ja, der Hals ist ein bisschen rot. Aber das ist .... schlimm.   (–)
  Eine ganz normale Erkältung.

b

> gar nicht ● besonders ● ziemlich ● nicht besonders

- ● Ich habe mich geschnitten. Sehen Sie, ist das nicht eine ....   (++)
  tiefe Wunde?
- ▲ Hm … Keine Sorge! Das sieht nur so schlimm aus. Die Wunde ist
  .... tief.   (–)
- ● Aber Sie müssen sie sicher nähen. Und das tut bestimmt .... weh!   (+)
- ▲ Nein, das ist .... nötig. Ich mache die Wunde sauber und dann   (– –)
  bekommen Sie ein Pflaster.

B1 **4** **Wie war's im Kino? Ordnen Sie zu.**

a	● Wie war es im Kino?	▲ Nein. Sie waren überhaupt nicht gut.
b	● War der Film spannend?	▲ Ja, klar. Es war echt super!
c	● Aber hat der Abend denn Spaß gemacht?	▲ Schön. Mir hat es ziemlich gut gefallen.
d	● Also war der Film lustig?	▲ Ja, ich hatte total viel Spaß.
e	● Aber haben die Schauspieler gut gespielt?	▲ Na, dass meine neue Freundin Julia dabei war!
f	● Aber es hat dir trotzdem gefallen?	▲ Nein, eigentlich war er gar nicht lustig.
g	● Was war denn dann so super?	▲ Nein, nicht besonders spannend. Sogar ziemlich langweilig.

Das ist doch ganz einfach!

In der gesprochenen Sprache verwendet man oft Modalpartikeln *(denn, doch, ja, ...)*. Sie bringen die Gefühle des Sprechers zum Ausdruck. Jede Modalpartikel hat mehrere, oft ganz unterschiedliche Bedeutungen.

Neutral: Kannst du das?
Freundlicher: Kannst du das **denn**?

Modalpartikel	Bedeutung oft	Beispiel
ja	1) Man hat etwas genau so erwartet.	Das musste ja passieren!
	2) Drückt Staunen, Überraschung aus.	Das ging ja ganz einfach!
	3) Drückt eine Warnung aus.	Mach das ja nie wieder!
doch	1) Macht Bitten und Aufforderungen freundlicher.	Vielleicht holen wir doch lieber den Elektriker? Nehmen Sie doch bitte Platz.
	2) Drückt einen Vorwurf oder eine Rechtfertigung aus.	● Ruf doch endlich den Elektriker an. ▲ Ich habe ihn doch schon angerufen.
	3) Etwas ist schon bekannt und man möchte daran erinnern.	Darüber hatten wir doch neulich schon gesprochen.
mal	Macht Bitten und Aufforderungen freundlicher.	Mach bitte mal das Licht an!
aber	Drückt Erstaunen und Überraschung aus.	Die Reparatur ist aber schwierig!
wohl	Drückt Unsicherheit aus.	Ob die Lampe wohl kaputt ist?
denn	1) Macht Fragen freundlicher.	Kannst du denn den Stecker reparieren?
	2) Drückt einen Vorwurf aus.	Kannst du denn nicht aufpassen?
eigentlich	1) eine freundliche Frage zu einem neuen Thema	Was kommt heute eigentlich im Fernsehen?
	2) wenn man genau darüber nachdenkt, in Wirklichkeit	Eine neue Lampe ist eigentlich zu teuer. Eigentlich kennt er sich mit Technik nicht aus (aber er will immer alles selbst reparieren).
	3) normalerweise	Eigentlich müsste die Lampe jetzt funktionieren.
eben/halt	Macht eine Aussage allgemeingültig: Man kann etwas nicht ändern und sollte nicht mehr darüber sprechen.	Es klappt eben/halt nicht immer.

A2 **1** **Hilf mir mal! Was sagt Laras Mutter noch? Bilden Sie Sätze mit _mal_.**

a _Hilf mir mal!_ .... (helfen – mir)
b .... (aufräumen – dein Zimmer)
c .... (bringen – den Müll – zur Mülltonne)
d .... (stellen – die Gläser – in den Schrank)
e .... (anrufen – Tante Ruth)
f .... (gehen – zum Briefkasten)

B1 **2** **Raten Sie mal! _doch, mal_ oder _ja_? Kreuzen Sie an.**

● Hallo Karin! Das ist ☒ ja ☐ doch schön, dass du mich besuchst. Komm ☐ ja ☐ doch
rein. Warte ☐ mal ☐ ja kurz, ich mache uns einen Kaffee. Du magst ☐ doch ☐ mal
Kaffee, oder?
▲ Eigentlich nicht so. Du weißt ☐ mal ☐ doch, ich werde so nervös davon.
● Ach! Das hast du ☐ ja ☐ mal nie erzählt. Magst du dann Wasser oder
☐ doch ☐ ja lieber einen Saft?
▲ Nur ein Wasser, danke.

B1 **3** **Ein Pflichtbesuch. Bilden Sie Sätze mit _aber, denn_ oder _eigentlich_.**

● Heute ist ..._aber_.................. (aber/eigentlich) ein schöner Tag! Herrlich!
▲ Stimmt. Das Wetter ist .... (denn/eigentlich) viel zu schön, um den halben Tag im
Auto zu sitzen.
● Warum .... (aber/denn) „im Auto sitzen"?
▲ Weißt du das .... (denn/eigentlich) nicht mehr? Wir fahren doch heute zu Tante
Paula.
● Was? Zu Tante Paula? Das ist .... (denn/aber) blöd! Muss das sein?
Weißt du, ... (denn/eigentlich) wollte ich heute im Garten arbeiten …
▲ Seit wann arbeitest du .... (aber/denn) freiwillig im Garten?
● Schon immer … Weißt du das .... (aber/denn) nicht?
▲ Nein. Aber das ist .... (eigentlich/denn) eine gute Idee: Du machst die
Gartenarbeit und ich fahre zu Tante Paula.

B1 **4** **Neugierige Nachbarn. Ergänzen Sie.**

> aber ● denn ● doch ● eben ● eigentlich ● ja ● doch

Hallo, Frau Meyer. Wie geht's Ihnen .... (freundliche
Frage)? Und da kommt ..._ja_........ (Überraschung) auch die kleine
Lisa. Na, du hast .... (Erstaunen) eine schöne Puppe!
Haben Sie .... schon die neuen Nachbarn
kennengelernt (freundliche Frage zu neuem Thema)? Nein? Die
wohnen .... (Erinnerung) jetzt schon fast zwei
Wochen hier! Dann kommen Sie .... (freundliche
Aufforderung) morgen Nachmittag zum Kaffee zu mir. Dann
erzähle ich Ihnen alles. Sie haben morgen keine Zeit? Na, dann
kommen Sie .... (nicht zu ändern) übermorgen!

Ich habe sechzehn Rosen.

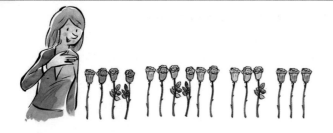

Ich habe sechzehn Rosen. Die ersten vier sind rot. Von den anderen ist die Hälfte rosa, ein Viertel ist gelb und ein Viertel orange.

Zahlen von 1 bis 1000

0 null	10 zehn	20 zwanzig	30 dreißig	100 (ein)hundert
1 eins	11 elf	21 einundzwanzig	40 vierzig	200 zweihundert
2 zwei	12 zwölf	22 zweiundzwanzig	50 fünfzig	...
3 drei	13 dreizehn	...	60 sechzig	
4 vier	14 vierzehn		70 siebzig	
5 fünf	15 fünfzehn		80 achtzig	1000 (ein)tausend
6 sechs	16 sechzehn		90 neunzig	
7 sieben	17 siebzehn			
8 acht	18 achtzehn			
9 neun	19 neunzehn			

⚠️   47   471
siebenundvierzig   vierhunderteinundsiebzig

Zahlen von 1000 bis 1 000 000

1000 (ein)tausend	100 000 (ein)hunderttausend
2000 zweitausend	200 000 zweihunderttausend
3000 dreitausend	...
...	
11 000 elftausend	1 000 000 eine Million
...	

Brüche

½	ein halb- (die Hälfte)
⅓	ein Drittel
¼	ein Viertel
⅛	ein Achtel
¾	drei Viertel

Nur bei ½ haben Brüche eine Endung: Ich möchte noch ein halbes Glas Milch.

Ordinalzahlen

1.–19. → -te	ab 20. → -ste
1. der erste	20. der zwanzigste
2. der zweite	21. der einundzwanzigste
3. der dritte	...
4. der vierte	1 000 000 der millionste
5. der fünfte	
6. der sechste	
7. der siebte ...	

Ordinalzahlen haben die gleichen Endungen wie Adjektive.

➡ **Adjektive, ab Seite 34**

Fragen	Datum
Welcher Tag / Welches Datum ist heute?	Heute ist der erste April.
Wann beginnen die Ferien?	Am siebten August.
Von wann bis wann ist die Arztpraxis geschlossen?	Vom ersten bis zum achten Februar.
Seit wann wohnst du in Rom?	Seit dem zwanzigsten Mai.
Ab wann arbeitest du bei VW?	Ab dem ersten Januar.

A1 **1 Wie alt bin ich? Schreiben Sie die Zahlen und lösen Sie das Rätsel.**

Ich habe zwei Brüder. Max ist .... (12) und
Martin ist .... (14) Jahre alt. Meine Mutter ist
.... (39) und mein Vater .... (43)
Jahre alt. Unser Hund Balu ist .... (8) Jahre und die
Katze Isis ist .... (5) Jahre alt. Opa ist
.... (71) Jahre, Oma .... (67).
Wir alle zusammen sind schon ....
(268) Jahre alt! Also, wie alt bin ich? Richtig! Ich bin .... (..........) Jahre alt.

A1 **2 Ein normaler Tag. Schreiben Sie die Ordinalzahlen in der richtigen Form.**

● Welches Datum ist heute? – ▲ Der .... (12.7.).
● Ja? Dann ist ja morgen Freitag, der .... (13.)!
▲ Na und? Da hat man auch nicht weniger Glück als an einem Montag, den .... (21.).
● Ja, ja. Aber es ist dieses Jahr schon das .... (2.) Mal.
▲ Ich freue mich darauf. Denn an diesem Tag fahren wir in den Urlaub – bis zum
.... (3.8.)! Das ist unser ....
(1.) Urlaub seit drei Jahren.

A2 **3 Eine Hochzeit. Ergänzen Sie die Zahlen in der richtigen Form.**

Vor *einer*............. (1) Woche hat Pia geheiratet. Es war nicht ihre .... (1.)
Hochzeit, sondern schon ihre .... (3.). Ihren .... (1.) Mann hatte
sie schon mit .... (17) Jahren kennengelernt. Sie haben sich nur
.... (4) Wochen gekannt, und kurz nach Pias .... (18.)
Geburtstag geheiratet. Nach .... (2) Jahren waren sie schon wieder geschieden. Pias
.... (2.) Mann war ihr Chef. Sie waren .... (5) Jahre verheiratet
und haben .... (1) Sohn. Ihr .... (3.) Mann sieht sehr nett aus.
Zur Hochzeit haben sie .... (258) Gäste eingeladen.
Ich habe nur .... (25) Leute gekannt. Pia hat mir gesagt, dass die
Hochzeit mehr als .... (15 000) Euro gekostet hat.

B1 **4 Eine große Familie. Schreiben Sie die fehlenden Bruchzahlen.**

Zu Hause waren wir acht Kinder. Von allen Dingen bekam jeder nur (a) ....*ein Achtel*...........
Wenn wir nur vier Stück Kuchen hatten, bekam jeder (b) .... Stück. Bei zwei Stück
Kuchen gab es für jeden nur (c) ....
Meine beiden kleinen Brüder wollten nie mit uns teilen. Als es einmal ihren Lieblingskuchen gab,
erzählten sie uns anderen nichts davon. Sie dachten: So bekommt jeder von ihnen (d)
.... Kuchen. Aber wir anderen sechs Kinder haben es gemerkt: Vom nächsten Kuchen
haben sie nichts bekommen, aber jeder von uns (e) .... Ganz schlimm war es, wenn
meine Eltern auch etwas haben wollten: Dann mussten wir durch zehn teilen, und es gab für jeden
nur (f) ....
Ich habe heute selbst drei Kinder: eine Tochter und zwei Söhne. Auch bei ihnen wird genau geteilt.
Sie haben ein Regal mit Spielzeug. Ungefähr (g) .... des Spielzeugs gehört meiner
Tochter. Die anderen (h) .... meinen zwei Söhnen. Und trotzdem gibt es immer
wieder Streit.

Nomen, Satzteile und Sätze kann man verneinen.
nicht: Negation von Satzteilen und Sätzen.
kein: Negation von Nomen mit indefinitem Artikel/ Nullartikel.

A	Negation des ganzen Satzes: *nicht*	
	nicht steht:	
	möglichst weit rechts	Ich sehe ihn aber **nicht**.
	vor dem zweiten Teil des Verbs	Er sieht **nicht** hin.
	vor Präpositionalergänzungen	Er sieht **nicht** in den Himmel.
	vor Adjektiven	Er ist **nicht** zufrieden.
	vor Adverbien	Er konnte den Meteoriten **nicht** gut sehen.

B	Negation eines Satzteils: *nicht*	
	nicht steht vor dem Satzteil, der verneint werden soll. Meist wird dieser Satzteil besonders betont.	Wir treffen uns **nicht** heute (aber morgen).

C	*kein-*	
	nur bei Nomen mit indefinitem Artikel oder Nullartikel	Ich sehe einen Stern. – Ich sehe **keinen** Stern. Ich habe Glück. – Ich habe einfach **kein** Glück.

→ **Negativartikel** *kein*, Seite 20

D	Manche Wörter haben ein negatives Gegenteil		
	jemand ↔ niemand	Siehst du jemand(en)?	Nein, ich sehe niemand(en).
	überall ↔ nirgendwo/nirgends	Ich habe überall nach dir gesucht.	Ich habe dich aber nirgendwo/nirgends gesehen.
	immer ↔ nie/niemals	Die anderen sehen immer etwas Tolles.	Ich sehe nie/niemals etwas Tolles.
	alles ↔ nichts	Du kannst immer alles erklären.	Aber in Wirklichkeit verstehst du nichts.
	etwas ↔ nichts	Gibst du mir auch etwas davon?	Nein, du bekommst nichts davon.

A1 **1 Viele Termine. Verneinen Sie die Sätze mit *nicht* oder *kein*-.**

a Ich gehe morgen zur Feier von Martin. *Ich gehe morgen nicht zur Feier von Martin.*
b Übermorgen habe ich Zeit. ....
c Am Sonntag habe ich einen Termin. ....
d Am Samstag trifft Timur seinen Bruder. ....
e Wir trinken einen Kaffee zusammen. ....
f Am Montag kommt ein Krimi im Fernsehen. ....
g Am Sonntag gehen wir gern ins Kino. ....

A2 **2 Petra wünscht sich ... Verneinen Sie die Sätze mit *nicht* oder *kein*-.**

In Petras Wünschen:	In Wirklichkeit:

a Petra wäre gern verheiratet, *aber sie ist nicht verheiratet.*
b Petra hätte gern Kinder, ...
c Petra hätte gern einen Hund, ...
d Petra würde gern am Meer wohnen, ...
e Petra hätte gern Geld, ...
f Petra wäre gern glücklich, ...

A2 **3 Nicht Tim und nicht Stefan**

a **Welches Wort im ersten Satz ist betont? Unterstreichen Sie.**

1 Stefan ist nicht mein <u>Freund</u>. Er ist mein Mann.
2 Stefan ist nicht mein Freund. Er ist Marias Freund.
3 Nicht Stefan ist mein Freund. Peter ist mein Freund.

b **Was passt? Verbinden Sie.**

1 Nicht <u>Tim</u> hat mich heute angerufen.   Sonst ruft er jeden Tag an.
2 Tim hat nicht <u>mich</u> heute angerufen.   Er hat schon gestern angerufen.
3 Tim hat mich nicht <u>heute</u> angerufen.   Seine Freundin hat angerufen.
4 Tim hat mich heute <u>nicht</u> angerufen.   Er hat meinen besten Freund angerufen.

B1 **4 Nein, ich höre nichts. Geben Sie negative Antworten.**

● Hörst du auch etwas? ▲ *Nein, ich höre nichts.*
● Aber da ist jemand in der Wohnung! ▲ ....
● Doch! Da ist einer! ▲ ....
● Überall sind Diebe und Verbrecher! ▲ ....
● Man wird uns alles stehlen! ▲ ....
● Hier ist sicher ein Dieb! ▲ ....
▲ Du hast immer Angst! ● Angst? Ich?

Verben haben eine feste Position im Satz.

A   Verb auf Position 2

Im Hauptsatz steht das Verb immer auf Position 2.

An Position 1 können stehen:	Position 1	Position 2	
ein Fragewort	Was	**machst**	du?
ein Nomen	Meine Frau	**liegt**	noch im Bett.
ein Pronomen	Sie	**schläft**	gern lange.
eine Zeitangabe	Heute	**geht**	sie nicht zur Arbeit.
ein Nebensatz	Wenn sie so lange schläft,	**bringe**	ich ihr das Frühstück ans Bett.
ein Verbindungsadverb oder Adverb	Deshalb/Natürlich	**mag**	sie mich besonders gern.

➡ **Fragesätze, Seite 120**
➡ **Verbindungsadverbien, Seite 124**

Grundsätzlich kann jedes Satzglied auf Position 1 stehen. Man betont damit, dass diese Information besonders wichtig ist.
- Wo ist mein MP3-Player?
- ▲ **Auf dem Küchentisch** liegt er doch.

B   Verb auf Position 1

Bei Ja-/Nein-Fragen, Imperativsätzen und irrealen Wunschsätzen steht das Verb auf Position 1.

	Position 1	
Ja-/Nein-Frage	Schläfst	du immer noch?
Imperativ	Sei	doch jetzt ruhig!
irreale Wünsche	Hätte	ich am Wochenende doch nur länger geschlafen!

➡ **Fragesätze, Seite 120**
➡ **Imperativ, Seite 82**
➡ **Konjunktiv II, ab Seite 78**

A1 **1** **Neu in Köln. Korrigieren Sie den Text von Elena.**

Hallo! Heiße ich Elena. Bin ich 23 Jahre alt. Meine Heimatstadt Kiew ist. Im Oktober mein Studium beginnt. Bin ich erst seit 3 Wochen in Köln. Ich noch nicht viele Leute hier kenne. Du auch bist neu in der Stadt? Du möchtest kennenlernen mit mir die Stadt? Ich fahre gern Fahrrad und ich gern ins Museum und ins Kino gehe. Was Deine Hobbys sind? Mir schreib eine E-Mail: kiewinkoeln@yahoo.com. Freue ich mich auf Deine Antwort.

Hallo! Ich heiße Elena. Ich ....

....

....

....

....

....

....

....

A2 **2** **Interview mit einer Schauspielerin.**
Schreiben Sie Sätze. Beginnen Sie mit dem markierten Satzteil.

Frau Schäfer, warum sind Sie so fit und schlank?

(1) *Ich schlafe jeden Tag mindestens acht Stunden.* ....
(ich / jeden Tag mindestens acht Stunden / schlafen)

(2) ....
(ich / sehr viel Obst und Gemüse / essen)

(3) ....
(ich / nur einmal pro Woche / Fleisch / essen)

(4) ....
(ich / dreimal pro Woche / Sport / machen)

(5) ....
(ich / trotzdem / gern Kuchen und Schokolade / essen)

(6) ....
(ich / natürlich / keinen Alkohol / trinken)

Tja, und das ist das ganze Geheimnis.

Verben mit einem zweiten Verbteil haben eine feste Position im Satz:

		Position 2		Ende
		|————— Satzklammer —————|		
Trennbare Verben	Hier	steige	ich	aus.
Perfekt	Sie	haben	nicht „bitte"	gesagt.
Modalverben	Ich	will	hier	aussteigen!
Passiv Präsens	Der Bus	wird	morgen	gewaschen.
Passiv Perfekt	Der Bus	ist	lange nicht	gewaschen worden.
Passiv Präteritum	Der Bus	wurde	lange nicht	gewaschen.
Passiv mit Modalverben	Der Bus	muss	mal wieder	gewaschen werden.
Futur	Morgen	wird	der Busfahrer den Bus	waschen.
Plusquamperfekt	Der Busfahrer	hatte	den Bus lange nicht mehr	gewaschen.

A1
1   Ab in die Ferien.

HeutefangenendlichdieFerienanwirhabengestern
schondieKoffergepacktfrühamMorgenstehen
wiraufwirmöchtenfrühaufderAutobahnseinum
sechsUhrsteigenwirinsAutoeinderUrlaubkann
beginnenhoffentlichhabenwirnichtsvergessen

a   Lesen Sie und markieren Sie die Satz-Enden.

b   Ergänzen Sie die Tabelle auf Seite 119.

	Position 2		Ende
Heute	fangen	endlich die Ferien	an.

2 **Was machen wir heute Abend?**
Ist der Satz richtig oder falsch? Kreuzen Sie an und korrigieren Sie die falschen Sätze.

		richtig	falsch
a	Ich für heute Abend habe zum Essen Tina und Bert eingeladen.	☐	☒
b	Sie noch eine Freundin aus Griechenland mitbringen.	☐	☐
c	Für das Essen habe ich schon alles vorbereitet.	☐	☐
d	Kannst du bitte kaufen noch Getränke?	☐	☐
e	Ich aufräume dafür die Wohnung.	☐	☐

a Ich habe für heute Abend Tina und Bert zum Essen eingeladen.

3 **Stefan ist im Krankenhaus. Schreiben Sie Sätze.**

- *Wann ist Stefan operiert worden*..?
  (wann / worden / Stefan / sein / operiert)
- ▲ Erst vor zwei Tagen. Aber ....
  (er / sich / erholt / haben / schon sehr gut / davon)
- Das ist ja schön. ....?
  (er / dürfen / werden / im Krankenhaus / besucht)
- ▲ Ja, klar. Aber ....
  (du / dich / beeilen / müssen)

  ....
  (Er / werden / entlassen / in zwei Tagen / aus dem Krankenhaus)
- Wirklich, so schnell?
- ▲ Ja, toll, oder? Selbst die Ärzte ....
  (mit / mindestens 10 Tagen Krankenhausaufenthalt / gerechnet / hatten)
  Aber ....
  (jetzt / er / schon nach 4 Tagen / rauskommen)

A   Fragesätze

Es gibt zwei Arten von Fragesätzen: W-Fragen und Ja-/Nein-Fragen.

W-Frage		Fragewörter	Antwort
Wer bist du denn?	– Ich bin Alfred.	wen, wem, woher,	eine bestimmte
Woher kommst du?	– Aus Bamberg.	wohin, wann, wie, …	Information
Ja-/Nein-Frage			
Bist du das, Walter?	– **Ja**, natürlich.	–	Ja oder Nein
	– **Nein**, ich bin nicht Walter.		
Magst du Alfred <u>nicht</u>?	– **Doch**, aber sag es Walter nicht!		Bei negativen Fragen:
	– **Nein**, ich finde ihn unmöglich.		Doch oder Nein

Wortstellung

		Position 2	
W-Fragen	Wer	bist	du denn?
Ja-/Nein-Frage	Bist	du	das, Walter?

B   Indirekte Fragen

	W-Fragen
Ich habe vergessen, **woher** Alfred **kommt.**	**Woher** kommt Alfred? Ich habe es vergessen.

	Ja-/Nein-Fragen
Ich weiß nicht, **ob** Walter noch kommt.	Kommt Walter noch? Ich weiß es nicht.

Wortstellung

Hauptsatz	Nebensatz
Ich weiß nicht,	woher/ob Walter kommt.

Nebensatz	Hauptsatz
Woher/Ob Walter kommt,	*weiß ich* nicht.

A1 **1** **Neu in der Nachbarschaft. Ergänzen Sie.**

wer • wo • wann • woher • wie • was • welche • wie lange

a	● _Wer_ sind Sie?	▲ Ich bin Jun-Yung May.
b	● .... kommen Sie?	▲ Ich komme aus Südkorea.
c	● .... sind Sie nach Deutschland gekommen?	▲ Vor vier Jahren.
d	● .... sind Sie schon in Berlin?	▲ Seit drei Wochen.
e	● .... sind Sie von Beruf?	▲ Ich bin Software-Ingenieurin.
f	● .... arbeiten Sie?	▲ Ich arbeite bei Technichrom.
g	● .... Sprachen sprechen Sie?	▲ Koreanisch, Englisch und Deutsch.
h	● Toll! Und .... gefällt es Ihnen in Berlin?	▲ Sehr gut, danke.

A1 **2** **Kurze Fragen. Schreiben Sie Fragen.**

a	wie – du – heißen? ●	▲ Wanda.
b	du – kommen – woher? ●	▲ Aus Krakau.
c	du – wo – wohnen? ●	▲ In Frankfurt.
d	was – du – machen – beruflich? ●	▲ Ich bin Studentin.
e	was – du – sprechen? ●	▲ Ich spreche Polnisch, Englisch und Deutsch.

A1 **3** **Nervensäge.**

1 Schreiben Sie Fragen.
2 Beantworten Sie die Fragen mit *ja*, *nein* oder *doch*.

a du – heute – hast – Zeit?
Hast du heute Zeit? .... _Ja_ ..... (+)

b mit ins Kino – kommst – du?
....? .... (−)

c du – gehst – nicht gern – ins Kino?
....? .... (+)

d Chinesisch essen – du – gehst – mit mir?
....? .... (−)

e nicht gern – isst – du – Chinesisch?
....? .... (+)

f warum – du – dann nicht – mit mir – essen – gehst?
....? Ach, weißt du ...

A2 **4** **Die perfekte Sekretärin. Schreiben Sie indirekte Fragen.**

a Können Sie mir sagen, ...?
      (Wo ist die Zeitung?)

b Wissen Sie, ...?
      (Wann kommen die Kunden am Flughafen an?)

c Sagen Sie mir bitte, ...
      (Um wie viel Uhr habe ich heute meinen Zahnarzttermin?)

d Erinnern Sie sich daran, ...?
      (Habe ich meinen Schlüssel auf den Tisch gelegt?)

e Haben Sie gesehen, ...?
      (Wohin habe ich mein Handy gelegt?)

Mit den Konjunktionen *und, oder, aber, denn* verbindet man zwei Hauptsätze.

Bedeutung	Hauptsatz 1	(Position 0)	Hauptsatz 2
Aufzählung	Ich sehe einen Mann	und	ich sehe eine Frau.
Gegensatz	Der Mann hat lange gewartet,	aber	die Frau ist nicht gekommen.
Alternativen	Gehen wir in ein Restaurant	oder	fahren wir zu McDonald's?
Grund	Der Mann geht zu einer Wahrsagerin,	denn	er möchte etwas über seine Zukunft wissen.

A1

1 Was machen wir heute Abend? Verbinden Sie die Sätze.

<u>a</u> Willst du vielleicht mit mir ins Theater gehen   und   er hat eine große DVD-Sammlung und eine Popcornmaschine.

<u>b</u> Ich möchte am liebsten ins Kino,   aber   hast du mehr Lust auf ein Konzert?

<u>c</u> Im Kino kaufe ich mir immer Popcorn   oder   dazu trinke ich eine Cola.

<u>d</u> Dann können wir doch bei Axel einen Film ansehen,   denn   leider läuft kein guter Film.

A1   **2**   **Hast du Geschwister? Ergänzen Sie.**

A

Ja. Wir sind fünf. Ich habe zwei Brüder .... zwei Schwestern.

B

Ich habe zwei Schwestern, ... keine Brüder.

C

Ja, aber ich möchte gern noch einen Bruder, ... ich habe nur eine Schwester.

D

Nein, leider nicht. Ich wünsche mir einen Bruder .... eine Schwester. Das ist mir egal.

A1   **3**   **Urlaubspläne. *und, oder, aber* oder *denn*? Ergänzen Sie.**

● Fahrt ihr im Sommer weg ..*oder*.......... bleibt ihr zu Hause?

▲ Wir fahren nach Norddeutschland. Zuerst besuchen wir Freunde in Bielefeld .... dann fahren wir zusammen mit ihnen auf die Insel Langeoog.

● Toll! Wart ihr schon einmal an der Nordsee .... fahrt ihr zum ersten Mal hin?

▲ An der Nordsee war ich schon einmal, ... noch nie auf Langeoog.

● Fahrt ihr mit dem Auto .... mit dem Zug?

▲ Wir fahren mit dem Auto, ... nur bis zur Fähre, ... die Insel ist autofrei. Auf der Insel fahren wir nur Fahrrad .... wir gehen zu Fuß.

● Das klingt ja gut. Und wann geht die Reise los?

▲ Im August. Ich freue mich schon.

A1   **3**   **Am Wochenende. Schreiben Sie Sätze.**

a   Ich / spät ins Bett / gehen / und / spät aufstehen
.*Ich gehe spät ins Bett und stehe spät auf*...

b   Ich / Freunde / besuchen / oder / einen Ausflug machen
....

c   Ich / gern in der Stadt / sein / aber / noch lieber aufs Land fahren
....

d   Ich / viel mit dem Fahrrad / fahren / denn / das / sehr gesund sein
....

Verbindungsadverbien *(darum, deswegen, daher, …)* verbinden Hauptsätze und setzen sie in eine logische Beziehung zueinander.

	Grund ————————>	Folge
darum	Ich kann nicht fliegen.	Darum bleibe ich hier.
deswegen	Er hat Angst.	Deswegen bleibt er im Nest.
daher	Ich will fliegen.	Daher übe ich es jetzt.
deshalb	Ich möchte die Welt sehen.	Deshalb probiere ich es.
	Grund ————————>	Entscheidung dagegen
trotzdem	Ich kann auch nicht fliegen.	Trotzdem probiere ich es.
	Grund ————————>	negative Konsequenz
sonst	Man muss es versuchen.	Sonst lernt man es nie.

Wortstellung

Die Verbindungsadverbien stehen oft auf Position 1, manchmal auch in der Satzmitte.

	Position 1	Position 2	
Man muss es versuchen.	Sonst	lernt	man es nie.
Man muss es versuchen.	Man	lernt	es sonst nie.

A2

1 Beeil dich, sonst … Ordnen Sie zu.

<u>a</u> Beeil dich,———————————————————— sonst mache ich mir Sorgen.
<u>b</u> Nimm den Regenschirm mit,   sonst wirst du ganz nass.
<u>c</u> Zieh dich warm an,   sonst verpasst du den Bus.
<u>d</u> Komm nicht so spät nach Hause,   sonst erkältest du dich.

B1 **2** **Aus dem Arbeitsleben. Was passt? Ordnen Sie zu.**

a Mein Mann sucht Arbeit.
b Ich bin gerade Mutter geworden.
c Meine Freundin Angela ist Chefin in einer großen Firma.
d Meine Nachbarin arbeitet nur halbtags.

a	b	c	d
4			

1 Darum muss sie oft auch noch spät am Abend arbeiten.
2 Daher hat sie nachmittags genug Zeit für die Familie.
3 Deswegen arbeite ich jetzt erst einmal nicht und bleibe bei meinem Baby zu Hause.
4 Deshalb liest er jeden Tag den Stellenmarkt in der Zeitung.

B1 **3** **Egal! Schreiben Sie die Sätze mit *trotzdem*.**

a Obwohl Sabine abnehmen will, isst sie viel Eis und Schokolade.
Sabine will abnehmen, trotzdem isst sie viel Eis und Schokolade.

b Obwohl Gerhard viel verdient, lebt er in einer kleinen Wohnung und hat kein Auto.
....

c Frau Hufnagl macht nie Urlaub im Ausland, obwohl sie fünf Sprachen spricht.
....

B1 **4** **Morgen ist ein wichtiger Tag. Ergänzen Sie *deshalb* oder *trotzdem*.**

Renate hat morgen früh ein Vorstellungsgespräch,

a *deshalb* .... hat sie sich ein neues Kleid gekauft.
b .... ist sie beim Friseur gewesen.
c .... ist sie nicht nervös.
d .... hat sie sich im Internet über die Firma informiert.
e .... geht sie heute nicht früh ins Bett.

B1 **5** **Ein Beschwerdebrief. Was ist richtig? Kreuzen Sie an.**

Sehr geehrter Herr Thaler,

gestern haben Sie zum dritten Mal in dieser Woche eine Party gefeiert. Es war wieder sehr laut, ☐ trotzdem ☐ sonst ☐ deshalb konnte ich nicht schlafen. Ich habe nichts gegen Partys und gegen junge Leute. ☐ Trotzdem ☐ Sonst ☐ Deshalb habe ich bisher auch noch nichts unternommen. Aber jetzt reicht es mir. Ich habe Sie schon bei den letzten Partys und auch gestern Abend mehrfach gebeten, die Musik leiser zu stellen, ☐ sonst ☐ trotzdem ☐ deswegen haben Sie das nicht gemacht. Jetzt sage ich es Ihnen zum letzten Mal: Stellen Sie das nächste Mal die Musik leise, ☐ deshalb ☐ sonst ☐ trotzdem rufe ich die Polizei.

Mit freundlichen Grüßen

G. Wilms

Ein Nebensatz mit *dass* folgt nach bestimmten Verben und Ausdrücken.

Wissen	
Ich weiß, dass ... Ich bin (mir) sicher, dass ... Es ist richtig, dass ...	Ich weiß, dass ich Napoleon bin.
Wiederholung einer Rede	
Er hat gesagt/geantwortet, dass ...	Gestern hast du gesagt, dass du Julius Cäsar bist.
Gedanke, Meinung*	
Ich finde es gut/schlecht/nicht so gut, dass ... Ich finde/meine/glaube/denke, dass ... Es ist wichtig/möglich, dass ... Ich bin der Meinung, dass ...	Ich finde es nicht so gut, dass du auf meinem Sofa liegst.
Gefühl, Wertung*	
Ich bin froh/glücklich/zufrieden, dass ... Ich freue mich, dass ... Es tut mir leid, dass ... Ich habe Angst/Glück, dass ...	Ich bin glücklich, dass ich wieder zu Hause bin.

* Wenn Hauptsatz und Nebensatz das gleiche Subjekt haben, kann man auch den Infinitiv mit *zu* benutzen:
  Ich bin glücklich, dass **ich** wieder zu Hause bin.
  Ich bin glücklich, wieder zu Hause **zu sein**.

➜ Infinitivsätze, Seite 128

Wortstellung

Hauptsatz	Nebensatz
Ich finde es* nicht gut,	dass du immer die Hand in der Jacke hast.

Nebensatz	Hauptsatz
Dass du immer die Hand in der Jacke hast,	*finde ich* nicht gut.*

* *es* fällt weg, wenn der Nebensatz vor dem Hauptsatz steht.

A2 **1** **Weißt du schon, dass …? Schreiben Sie Sätze mit *dass*.**

● Weißt du schon, …

a .dass...? (die Hansens trennen sich)
b ....? (Jette ist schwanger)
c ....? (Gregor hat eine neue Freundin)
d ....? (Kai hat seinen Job verloren)
e ▲ Ich weiß nur,....................................? (man kann dir nichts erzählen)

A2 **2** **Kurz vor den Wahlen. Was Politiker versprechen. Ergänzen Sie die Tabelle.**

a

> Ich baue mehr Kindergärten.

Heribert Keller

b

> Die Menschen müssen weniger Steuern zahlen.

Bernhard Adler

c

> Mit mir gibt es weniger Arbeitslose.

Jochen Schmidt

d

> Ich schütze die Natur.

Brigitte Brunner

a	Heribert Keller verspricht,	dass	er mehr Kindergärten	baut.
b	Bernhard Adler verspricht,			
c	Jochen Schmidt verspricht,			
d	Brigitte Brunner verspricht,			

A2 **3** **Eine neue Arbeit in einer anderen Stadt. Schreiben Sie Sätze mit *dass*.**

a eine neue Arbeit – habe – ich
   Ich bin sehr froh, ..dass.ich.eine.neue.Arbeit.habe...
b die Firma – ist – in einer anderen Stadt
   Ich finde es interessant, ...
c ich – habe – diese Stelle – angenommen
   Meine Freundin versteht gar nicht, ...
d ich – das Richtige – tue
   Aber ich bin mir sicher, ...

B1 **4** **Welchen Satz kann man umformen? Schreiben Sie den Satz um oder markieren Sie mit /.**

a Ich freue mich, dass ich euch wiedersehe.   ..Ich.freue.mich,.euch.wiederzusehen............
b Ich freue mich sehr, dass wir uns wiedersehen.   ..../...............................

c Ich bin so froh, dass wir uns treffen.   ....
d Ich bin so froh, dass ich dich treffe.   ....

e Ich finde es sehr schade, dass ich so weit weg wohne. ....
f Ich finde es sehr schade, dass ihr so weit weg wohnt. ....

Letztes Jahr im Urlaub

> Es fängt an zu regnen.

> Ich schlage vor, in ein Museum zu gehen.

> Ich habe keine Lust, ins Museum zu gehen.

> Ich finde es dumm, ins Museum zu gehen.

> Es ist langweilig, ins Museum zu gehen.

Den Infinitiv mit *zu* verwendet man nach:

		Beispiel
bestimmten Verben	anfangen, aufhören, beginnen, erlauben, sich freuen, hoffen, verbieten, vergessen, versuchen, vorhaben, sich vorstellen, ...	Ich schlage vor, in ein Museum **zu gehen.**
Adjektiven + *sein / finden*	Es ist / Ich finde es stressig / toll / schwer / schwierig / interessant / anstrengend / leicht / ...	Es ist langweilig, ins Museum **zu gehen.**
Nomen + *haben*	Lust / Zeit / Interesse / Angst / die Erlaubnis / die Möglichkeit / ... haben	Ich habe keine Lust, ins **Museum zu gehen.**

Infinitiv mit *zu* bei trennbaren Verben:
Ich habe vergessen, die Regenjacken ein**zu**packen.
Wir haben einfach keine Lust, uns Kunst an**zu**sehen.

Infinitiv mit *zu* steht auch nach den Konjunktionen *anstatt, ohne, um*.
➜ Hauptsatz und Nebensatz: *indem, ohne dass ...,* Seite 138

Wortstellung

Hauptsatz	Nebensatz
Es* ist langweilig,	ins Museum **zu gehen.**

Nebensatz	Hauptsatz
Ins Museum **zu gehen,**	ist langweilig.*

* *es* fällt weg, wenn der Hauptsatz nach dem Nebensatz steht.

31 **1** **Es ist … Ergänzen Sie die Sätze.**

> Wasser trinken ● aus anderen Ländern kennenlernen ● einen Schneemann bauen ●
> nur fernsehen ● einen Freund verlieren

a Es ist gesund, viel *Wasser zu trinken*...

b Es ist traurig, ...

c Ich finde es lustig, im Winter ....

d Es ist interessant, kreative Menschen ....

e Ich finde es langweilig, immer ....

31 **2** **Ich fahre nach London! Sagen Sie es anders.**

a Es ist mir wichtig, dass ich meine Freunde regelmäßig treffe.

b Deshalb habe ich gestern beschlossen, dass ich zu meiner besten Freundin Linda nach London fliege.

c Ich hoffe, dass ich einen günstigen Flug bekomme.

d Mein Freund hat leider nicht genug Zeit, dass er mitkommt.

e Aber er hat mir versprochen, dass er mich zum Flughafen bringt und wieder abholt.

f Ich freue mich schon sehr darauf, dass ich Linda bald wiedersehe.

a Es ist mir wichtig, meine Freunde regelmäßig zu treffen.

B1 **3** **Stress! Empfehlungen vom Arzt. Verbinden Sie die Sätze.**

a Ich rate Ihnen: Arbeiten Sie nicht so viel!
Ich rate Ihnen, nicht so viel zu arbeiten.

b Ich empfehle Ihnen: Trinken Sie nicht so viel Kaffee.
....

c Essen Sie gesund! Versuchen Sie es!
....

d Ich schlage Ihnen vor: Machen Sie mal Urlaub.
....

e Treiben Sie Sport. Fangen Sie bald an!
....

f Vergessen Sie nicht: Nehmen Sie Vitamine.
....

B1 **4** **Am Telefon. Mit *zu* oder ohne *zu*? Ergänzen Sie *zu* oder /.**

● Schönen guten Tag, mein Name ist Schönbaum. Ich möchte bitte mit Frau Glaser ...**/**.... sprechen.

▲ Moment. Ich versuche, Sie .... verbinden. – Hören Sie: Frau Glaser kann im Moment leider nicht an den Apparat .... kommen.

● Können Sie sie bitten, mich später zurück.........rufen?

▲ Ja natürlich. Wären Sie so nett, mir noch einmal Ihren Namen .... sagen?

● Schönbaum. Wie Schön und Baum.

▲ Gut, Herr Schönbaum, Frau Glaser wird Sie dann an.........rufen.

● Danke!

Das ist Elke. Immer, wenn ich sie sehe, hat sie ein Telefon am Ohr. Ich kenne Elke schon, seit wir Nachbarn sind. Bevor es Mobiltelefone gab, hat sie in der Telefonzelle gewohnt. Als dann das Handy kam, hat sie sofort eins gekauft. Ihr Mann hat sich scheiden lassen, nachdem er die Telefonrechnung gesehen hatte. Inzwischen telefoniert sie sogar, während sie duscht.

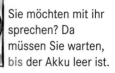

Sie möchten mit ihr sprechen? Da müssen Sie warten, bis der Akku leer ist.

Temporale Konjunktionen *(wenn, als, seit, ...)* setzen Haupt- und Nebensatz in eine zeitliche Beziehung.

	Verwendung	Beispiel
als	Vergangenheit, einmal	Als das Handy kam, hat Elke sofort eins gekauft.
wenn	einmal Wiederholung	Wenn ich heute heimkomme, muss ich den Akku aufladen. (Immer) Wenn ich sie sehe, hat sie ein Telefon am Ohr.
während	zwei Handlungen passieren gleichzeitig	Inzwischen telefoniert sie sogar, während sie duscht.
nachdem	eine Handlung passiert nach einer anderen	Nachdem er die Rechnung gesehen hatte, hat er sich scheiden lassen.
seit(dem)	Vergangenheit bis heute	Ich kenne Elke, seit(dem) wir Nachbarn sind.
bevor	eine Handlung passiert vor einer anderen	Sie hat in der Telefonzelle gewohnt, bevor es Mobiltelefone gab.
bis	das Ende einer Handlung liegt in der Zukunft	Da müssen Sie warten, bis der Akku leer ist.

wenn oder *als?*

	Gegenwart und Zukunft	Vergangenheit
einmal	Wenn ich mal viel Geld habe, kaufe ich mir ein iPhone.	Als ich dich anrufen wollte, war der Akku meines Handys leer.
Wiederholung	Wenn man beim Autofahren telefoniert, muss man Strafe zahlen.	(Immer) Wenn du mich angerufen hast, wolltest du Geld von mir.

Zeiten bei *nachdem*

Nebensatz	Hauptsatz
Plusquamperfekt Nachdem er die Telefonrechnung gesehen hatte,	Präteritum / Perfekt ließ er sich scheiden / hat er sich scheiden lassen.
Perfekt Nachdem er die Telefonrechnung gesehen hat,	Präsens lässt er sich scheiden.

Wortstellung

Hauptsatz	Nebensatz
Ich leihe dir mein Handy,	wenn du nächste Woche in Urlaub fährst.

Nebensatz	Hauptsatz
Wenn du nächste Woche in Urlaub fährst,	*leihe ich* dir mein Handy.

A2 **1** **(Immer) wenn ..., dann ... Ordnen Sie zu.**

a Immer, wenn ich Marie sehe,   wenn sie uns besucht.
b Immer, wenn wir in Italien Urlaub machen,   wenn du nervös bist.
c Meine Oma bringt uns immer etwas mit,   schläft mein Freund ein.
d Es ist so nervig. Immer, wenn wir im Kino sind, bekomme ich Herzklopfen.
e Du wirst immer rot im Gesicht,   essen wir ganz oft Pizza.

B1 **2** **Früher ... Schreiben Sie Sätze.**

a Meine Eltern haben geheiratet. Es hat den ganzen Tag geregnet.
b Meine kleine Schwester ist auf die Welt gekommen. Ich war sehr stolz.
c Mein Bruder hat sein erstes Gehalt bekommen. Er hat sich einen alten VW-Käfer gekauft.
d Ich bin 18 geworden. Ich habe mich sehr erwachsen gefühlt.

a Als meine Eltern geheiratet haben, hat es den ganzen Tag geregnet.

B1 **3** **Mini-Krimi. *wenn* oder *als*?**

Als ich gestern Abend nach Hause kam, wollte ich mich in die Badewanne legen. Das mache ich immer, ... ich müde bin. Aber gerade, ... ich ins Wasser steigen wollte, klingelte es an der Tür. Nanu, dachte ich. Wer kann das sein? Meine Freunde rufen doch immer vorher an, ... sie mich besuchen wollen. .... es nachts klingelt, mache ich eigentlich nie die Tür auf. .... ich aus dem Bad kam, sah ich, wie sich die Haustür langsam öffnete. Ich bekam Angst. „Wer ist denn da?", fragte ich leise. Da steckte mein Nachbar seinen Kopf herein. „Keine Angst. Ich bin's nur. Sie haben Ihren Schlüssel draußen stecken lassen, ... Sie nach Hause gekommen sind", sagte er und lachte.

B1 **4** **Eine kurze Lebensgeschichte. Ergänzen Sie.**

als • während • bevor • seitdem • nachdem • bis

a *Als* ich noch klein war, habe ich mit meinen Eltern in München gelebt.
b Ich habe immer in Süddeutschland gelebt, ... ich in Berlin einen Studienplatz bekommen habe.
c .... ich in Berlin studiert habe, habe ich mich dort sehr wohlgefühlt und ich wollte immer dort bleiben.
d .... ich aber mein Studium abgeschlossen hatte, machte ich einen langen Urlaub in Australien – und lernte Rick kennen.
e .... ich Rick kenne, ist alles anders. .... ich ihn kannte, dachte ich, ich würde immer in Deutschland leben. Aber jetzt lebe ich schon seit drei Jahren in Melbourne.

Mit kausalen Konjunktionen *(weil, da)* nennt man einen Grund.
Mit konzessiven Konjunktionen *(obwohl)* drückt man einen Gegensatz aus.

	Bedeutung	Beispiel
weil	Grund	Er muss drinnen bleiben, weil draußen die Sonne scheint.
da	Grund, meist in geschriebenen Texten	Der Vampir musste schnell zum Friedhof zurück, da es bereits hell wurde.
obwohl	Gegensatz, nicht wie erwartet	Die Sekretärin muss im Büro bleiben, obwohl draußen die Sonne scheint.

Wortstellung

Hauptsatz	Nebensatz
Er muss drinnen bleiben,	weil/da/obwohl draußen die Sonne scheint.

Nebensatz	Hauptsatz
Weil/Da/Obwohl draußen die Sonne scheint,	*muss er* drinnen bleiben.

A2

1   Warum? Schreiben Sie Sätze mit *weil*.

> es ist draußen sehr kalt ● er spricht mehrere Fremdsprachen ● ich fühle mich nicht wohl ●
> sie hat Kopfschmerzen ● sein Auto ist kaputt ● mein Mann hat Geburtstag

a   Ich gehe heute nicht zur Arbeit, *weil ich mich nicht wohlfühle*..

b   Du musst dich warm anziehen, ...

c   Er kommt zu Fuß, ...

d   Wir machen eine Party, ...

e   Ich muss für meine Frau Aspirin kaufen, ...

f   Seine beruflichen Chancen sind sehr gut, ...

B1 **2** **Unvernünftig! Schreiben Sie Sätze mit *obwohl*.**

> sie / haben / Fieber ● es / sehr kalt / draußen / sein ● nur wenig Geld / er / haben ●
> es / ihr / der Arzt / verboten haben

a Die junge Frau zieht keinen Mantel an, ...*obwohl es draußen sehr kalt ist*.........................

b Er fährt ein teures Auto, ...

c Christine raucht den ganzen Tag, ...

d Sie geht zur Party, ...

B1 **3** **Ich möchte wieder arbeiten. *weil* oder *obwohl*? Kreuzen Sie an.**

> Ich möchte wieder arbeiten, ...

a ☒ weil ☐ obwohl meine Kinder jetzt schon groß sind.

b ☐ weil ☐ obwohl mir Arbeiten Spaß macht.

c ☐ weil ☐ obwohl mein Mann ganz gut verdient.

d ☐ weil ☐ obwohl es manchmal anstrengend ist.

e ☐ weil ☐ obwohl ich dann früh aufstehen muss.

f ☐ weil ☐ obwohl ich gern etwas Neues kennenlernen möchte.

B1 **4** **Rund um den Urlaub. Verbinden Sie die Sätze mit *weil* oder *obwohl*.**

a Wir haben uns eine teure Wohnung gekauft. Deshalb machen wir dieses Jahr zu Hause Urlaub.
..*Wir machen dieses Jahr zu Hause Urlaub, weil wir uns eine teure Wohnung gekauft haben*...........

b Meine Eltern leben seit zwei Jahren in Südfrankreich. Deshalb sprechen sie sehr gut Französisch.
....

c Saskia hat sich im Urlaub ein Auto gemietet. Trotzdem ist sie immer nur im Hotel geblieben.
....

d Lucia interessiert sich sehr für Kunst und Kultur. Deshalb macht sie oft Städtereisen.
....

e Im Urlaub hat es oft geregnet. Trotzdem hatten wir eine tolle Zeit.
....

Mit finalen Konjunktionen (*damit, um ... zu*) wird ein Ziel oder ein Zweck genannt.

	Bedeutung	Beispiel
damit	Ziel, Zweck	*Ich* mache Licht, damit *er* etwas sieht. *Er* will Licht, damit *er* etwas sieht.
um ... zu		Er will Licht, um etwas zu sehen.

damit oder *um ... zu*?

damit	um ... zu	
Ich schalte das Licht aus, damit *du* schlafen kannst.	–	Subjekt im Hauptsatz (*ich*) ≠ Subjekt im Nebensatz (*du*) → damit
Ich schalte das Licht ein, damit *ich* etwas sehe.	*Ich* schalte das Licht ein, um etwas zu sehen.	Subjekt im Hauptsatz (*ich*) = Subjekt im Nebensatz (*ich*) → damit oder um ... zu

Wortstellung

Hauptsatz	Nebensatz
Ich schalte das Licht aus,	damit du schlafen kannst.
Ich schalte das Licht ein,	um etwas zu sehen.

Nebensatz	Hauptsatz
Damit du schlafen kannst,	*schalte ich* das Licht aus.
Um etwas zu sehen,	*schalte ich* das Licht ein.

B1 **1** **Zu welchem Zweck machen die Leute das? Verbinden Sie die Sätze mit *um ... zu*.**

a Wir fahren in Urlaub. Wir möchten uns erholen.
   Wir fahren in Urlaub, um uns zu erholen ....

b Petra lernt Chinesisch. Sie möchte bessere Chancen im Beruf haben.
   Petra lernt Chinesisch, ...

c Noah kocht ein Drei-Gänge-Menü. Er möchte seine Freundin beeindrucken.
   Noah kocht ein Drei-Gänge-Menü, ...

d Viktoria schreibt einen Brief an ihre Tante. Sie möchte ihr zum Geburtstag gratulieren.
   Viktoria schreibt einen Brief an ihre Tante, ...

B1 **2** **So leben Sie gesund! Verbinden Sie die Sätze mit *damit*.**

a Trinken Sie täglich zwei Liter Wasser: Giftstoffe werden aus Ihrem Körper gespült.
b Essen Sie fünfmal am Tag Obst und Gemüse: Ihr Körper bekommt alle wichtigen Vitamine und Mineralstoffe.
c Gehen Sie mindestens einmal pro Woche vor 22 Uhr ins Bett: Ihr Körper kann sich richtig erholen.
d Gehen Sie abends noch einmal spazieren oder nehmen Sie ein heißes Bad: Sie können besser schlafen.

a Trinken Sie täglich zwei Liter Wasser, damit ...

B1 **3** **Welchen Sport machen Sie und warum? *um ... zu* oder *damit*? Kreuzen Sie an.**

Erna S.: Ich laufe, ☐ um ☐ damit den Kopf nach der Arbeit frei zu bekommen.

Marina P.: Ich gehe regelmäßig ins Fitnessstudio, ☐ um ☐ damit mein Bauch wieder flacher wird.

Bert A.: Ich laufe fünfmal die Woche 10 Kilometer, ☐ um ☐ damit den nächsten Stadtmarathon mitlaufen zu können.

Ruben T.: Ich gehe schwimmen, ☐ um ☐ damit einen Ausgleich zu meiner Arbeit zu haben.

Valentina S.: Ich mache Yoga, ☐ um ☐ damit mein Rücken kräftiger wird.

Fritz K.: Sport!? Nee! Also, ich habe mir heute eine Tüte Chips gekauft, ☐ um ☐ damit einen gemütlichen Abend auf dem Sofa zu verbringen.

B1 **4** **Viele Gründe! *um ... zu* oder *damit*? Schreiben Sie *um ... zu*-Sätze, wenn möglich.**

1	Johannes rennt zum Bahnhof.	2	Hilde besucht eine Abendschule.
a	Er holt seine Freundin Sabine ab.	a	Sie macht nächstes Jahr das Abitur.
b	Er will nicht zu spät kommen.	b	Ihre Berufschancen werden besser.
c	Sabine muss ihr Gepäck nicht allein tragen.	c	Sie verdient später mehr Geld.
d	Sabine muss kein Taxi nehmen.	d	Ihr Leben wird interessanter.

Johannes rennt zum Bahnhof, ...   Hilde besucht eine Abendschule, ...

a *um seine Freundin Sabine abzuholen* ....   a ....

b ....   b ....

c ....   c ....

d ....   d ....

Konditionale Konjunktionen (*wenn, falls*) drücken eine Bedingung aus.

	Bedeutung	Beispiel
wenn	Bedingung	Wenn Sie loslassen, spreche ich kein Wort mehr mit Ihnen.
	Irreale Bedingung, mit Konjunktiv II	Wenn er geredet hätte, würde er jetzt nicht im Krankenhaus liegen.
falls	Bedingung (oft: nicht wahrscheinlich, eher unsicher)	Falls die Nachbarin das sieht, ruft sie sofort die Polizei.

➡ temporale Verwendung von *wenn*, Seite 130

Wortstellung

Hauptsatz	Nebensatz
Ich spreche kein Wort mehr mit Ihnen,	wenn Sie loslassen.
Die Nachbarin ruft sofort die Polizei,	falls sie das sieht.

Nebensatz	Hauptsatz
Wenn Sie loslassen,	*spreche ich* kein Wort mehr mit Ihnen.
Falls die Nachbarin das sieht,	*ruft sie* sofort die Polizei.

A2

1 **Wenn ... , dann ... Ergänzen Sie.**

> die Sonne scheint ● ich bestehe die Prüfung ● ich bin müde ● ich habe Urlaub

<u>a</u> Ich trinke Kaffee, *wenn ich müde bin*..

<u>b</u> Ich lade meine Freunde ein,...

<u>c</u> Ich lese viel,...

<u>d</u> Ich fahre mit dem Fahrrad zur Arbeit,...

A2 **2** **Omas Hausmittel gegen Krankheiten. Schreiben Sie Sätze.**

a   Sie haben Halsschmerzen. → Essen Sie mehrmals am Tag einen großen Löffel Honig.
b   Sie haben Schnupfen. → Spülen Sie die Nase vorsichtig mit Salzwasser.
c   Sie haben Kopfschmerzen. → Trinken Sie einen Espresso mit ein wenig Zitronensaft.
d   Sie fühlen sich nicht gut. → Sie sollten auf jeden Fall im Bett bleiben.
Und jetzt: Gute Besserung!

a Wenn Sie Halsschmerzen haben, essen Sie mehrmals am Tag einen großen Löffel Honig.

B1 **3** **Nur unter einer Bedingung. Ordnen Sie zu.**

a   Er ist immer nur nett zu mir,   wenn ich sie zuerst grüße.
b   Unsere Nachbarin grüßt mich nur,   falls du ihn noch einmal siehst.
c   Ich kann dich zum Flughafen bringen,   wenn er etwas von mir braucht.
d   Grüß ihn bitte von mir,   falls du schweres Gepäck hast.

B1 **4** **Schweres Herz! Ergänzen Sie.**

Morgen will meine Ex-Freundin noch mal mit mir reden.
a   Was würdest du machen, …   (du – an meiner Stelle – sein)
b   Ich wäre sehr froh, …   (das Gespräch mit ihr – schon vorbei – sein)
c   Ich würde alles dafür geben, …   (ich – den Fehler – wiedergutmachen können)

a Was würdest du machen, wenn du an meiner Stelle wärst?

B1 **5** **Glück im Unglück. Korrigieren Sie und schreiben Sie die Sätze richtig.**

a   Antons Unfall: Wenn er nicht so schnell gefahren wäre, er wäre nicht gefahren gegen den Baum.
b   Er war angeschnallt. Wenn er nicht angeschnallt gewesen wäre, ihm wäre passiert sicher viel mehr.
c   Seine Freundin hat ihn jeden Tag im Krankenhaus besucht. Wenn seine Freundin ihn nicht jeden Tag
besucht hätte, er sich hätte bestimmt nicht so schnell erholt.

a …, wäre er nicht gegen den Baum gefahren.

B1 **6** **Praktikumsplatz. Schreiben Sie die markierten Sätze neu. Verwenden Sie *falls*.**

a   Ist die Praktikumsstelle noch frei? Dann würde ich mich sehr über einen Anruf von Ihnen freuen.
b   Sie brauchen sofort Verstärkung? Ich kann schon morgen anfangen.
c   Brauchen Sie noch weitere Unterlagen von mir, dann geben Sie mir doch bitte Bescheid.

Sehr geehrter Herr Severin,
vielen Dank für Ihre E-Mail vom 12.5. Leider habe ich sie erst heute erhalten, weil ich im Urlaub
war.
Falls die Praktikumsstelle noch frei ist, würde ich mich sehr über einen Anruf von Ihnen
freuen.

Mit modalen Konjunktionen wie *indem, ohne/anstatt dass* sagt man, wie, auf welche Art und Weise oder mit welchen Mitteln etwas passiert.

	Beispiel
indem	Wecken Sie das Interesse Ihrer Zuhörer, indem Sie leise sprechen.
ohne dass	Manchmal wird das Publikum müde, ohne dass man es gleich merkt.
ohne … zu	So können Sie lange reden, ohne langweilig zu sein.
(an)statt dass	Anstatt dass nur Sie reden, sollten Ihre Zuhörer auch zu Wort kommen.
(an)statt … zu	Stellen Sie auch mal Fragen, (an)statt immer nur zu reden.

ohne dass oder **ohne … zu?**

ohne dass	ohne … zu	
Er kann nicht reden, ohne dass *ich* müde werde.	–	Subjekt im Hauptsatz (*er*) ≠ Subjekt im Nebensatz (*ich*) → ohne dass
Ich höre ihm zu, ohne dass *ich* irgendetwas verstehe.	*Ich* höre ihm zu, ohne irgendetwas zu verstehen.	Subjekt im Hauptsatz (*ich*) = Subjekt im Nebensatz (*ich*) → ohne dass **oder** ohne … zu

auch so: (an)statt dass, (an)statt … zu

Wortstellung

Hauptsatz	Nebensatz
Sie wecken das Interesse Ihrer Zuhörer,	indem Sie leise sprechen.
Manchmal wird das Publikum müde,	ohne dass man es merkt.
So können Sie lange reden,	ohne langweilig zu sein.

Nebensatz	Hauptsatz
Indem Sie leise sprechen,	*wecken Sie* das Interesse Ihrer Zuhörer.
Ohne dass man es merkt,	*wird das Publikum* manchmal müde.
Ohne langweilig zu sein,	*können Sie* so lange reden.

B1 **1** **Ratschläge für alle Lebenslagen. Ordnen Sie zu.**

1 Rotweinflecken können Sie am besten entfernen, ...*c*.
2 Man kann Benzin sparen, ...
3 Eine Sprache können Sie am besten lernen, ...
4 Man nimmt am gesündesten ab, ...

a indem Sie eine Zeit lang in dem Land leben, in dem die Sprache gesprochen wird.
b indem man dauerhaft die Ernährung umstellt.
c indem Sie sofort Kochsalz auf die Stelle geben.
d indem man langsamer fährt.

B1 **2** **Wie kann man das machen? Schreiben Sie die Sätze anders.**

a Man kann durch harte Arbeit oder Lottospielen zu viel Geld kommen.
Man kann zu viel Geld kommen, indem man hart arbeitet oder Lotto spielt.

b Durch das Benutzen von Energiesparlampen kann man Strom sparen.
....

c Durch tägliche Spaziergänge lebt man gesünder.
....

d Am besten ist man informiert durch das regelmäßige Lesen von Tageszeitungen.
....

B1 **3** **Einbruchserie in Altenkirchen. Schreiben Sie Sätze mit *ohne ... zu* oder *ohne dass*.**

In letzter Zeit kommt es im Landkreis Altenkirchen immer wieder zu Einbrüchen.
(1) Der Täter muss ein Profi sein, denn er bricht am helllichten Tag ein. Keiner bemerkt es.
(2) Er öffnet die Fenster. Er macht keine Geräusche.
(3) Danach verlässt er den Tatort. Man findet später keine Spuren.
(4) Beim letzten Einbruch sieht die Eigentümerin den Dieb noch weglaufen, allerdings erkennt sie sein Gesicht nicht.
Wer weiß etwas? Bitte sachdienliche Hinweise an die Polizei Altenkirchen oder jede andere Polizeidienststelle.

1 *Der Täter muss ein Profi sein, denn er bricht am helllichten Tag ein,* ..*ohne dass einer*.........................
....
2 *Er öffnet die Fenster,* ....
3 *Danach verlässt er den Tatort,* ....
4 *Beim letzten Einbruch sieht die Eigentümerin den Dieb noch weglaufen, allerdings* ....
....

B1 **4** **Frühlingsgefühle! Schreiben Sie Sätze mit *statt ... zu*.**

Die Sonne scheint, der Himmel ist blau, es ist warm. Endlich ist der Winter vorbei.

☺	☹
a Wir / wieder viel Zeit im Freien / verbringen	in der Wohnung sitzen
b Wir / am Wochenende / früh aus dem Haus gehen	lange im Bett bleiben
c Wir / oft / mit dem Fahrrad fahren	das Auto nehmen
d Wir / können / dünne Jacken / anziehen	in dicken Wintermänteln rausgehen

a Wir verbringen wieder viel Zeit im Freien, statt in der Wohnung zu sitzen.

Zweiteilige Konjunktionen (*zwar ... aber, entweder ... oder, ...*) zeigen zwei Möglichkeiten oder Alternativen.

	Bedeutung	Beispiel
zwar ..., aber ...	positiv – negativ Bedingung	Kurt ist zwar nicht dumm, aber leider zu jung für mich. Er ist zwar ledig, aber ich mag ihn nicht.
entweder ... oder ...	Alternative	Entweder sie haben eine Frau oder sie sind dumm. Mein Traummann sollte entweder interessant oder reich sein.
je ..., desto ...	Vergleich	Je älter man wird, desto schwieriger wird es mit den Männern.
nicht nur ..., sondern auch ...	Aufzählung	Manche Männer sind nicht nur dumm, sondern auch noch frech.
sowohl ... als auch ...	Aufzählung	Der Mann sollte sowohl klug als auch reich sein.
weder ... noch ...	negative Aufzählung	Ich habe weder eine Frau noch bin ich dumm. Er hat weder ein Haus noch ein teures Auto.

Wortstellung

Er	trägt	zwar einen Hut,	aber	(er)	(trägt)	keine Krawatte.
Zwar	ist	er dumm,	aber	ich	liebe	ihn.
Ich	heirate	entweder in diesem Jahr	oder	(ich)	(heirate)	erst im nächsten (Jahr).
Entweder	finde	ich heute einen Mann	oder	ich	heirate	eben nicht.
Ich	bin	nicht nur schön,	sondern	(ich)	(bin)	auch klug.
Der Mann	ist	sowohl dumm	als auch			viel zu alt.
Er	hat	weder Charme	noch		(hat)	(er) Witz.

je + Komparativ		Ende	desto + Komparativ	Pos. II	
Je früher	sie mit der Suche	beginnt,	desto schneller	findet	sie einen Mann.

B1 **1 Wie soll ein guter Chef sein? Verbinden Sie.**

a Ein guter Chef kann seine Mitarbeiter zwar kritisieren,   desto motivierter sind sie.

b Ein guter Chef sollte seine Mitarbeiter zum Dank   sondern auch die einzelnen Mitarbeiter
   einmal im Jahr in ein Restaurant einladen   im Blick haben.

c Ein Chef muss sowohl fachlich   aber er muss sie auch ab und zu loben.

d Er soll nicht nur die Firma als Ganzes,   als auch menschlich ein Vorbild sein.

e Gute Chefs sollen weder einzelne Mitarbeiter vorziehen   oder für alle ein großes Fest organisieren.

f Je fairer ein Chef zu seinen Mitarbeitern ist,   noch andere benachteiligen.

B1 **2 Alles über Sprachen. Ergänzen Sie.**

> sowohl ... als auch ● je ... desto ● entweder ... oder ● weder ... noch ● zwar ... aber ●
> zwar ... aber ● nicht nur ... sondern auch

a ● Jordi ist sehr intelligent. Er spricht *sowohl* .... Spanisch ....
   Französisch, Portugiesisch und Arabisch perfekt.
   ▲ Toll, ich spreche .... die eine Sprache .... die anderen. Ich
   spreche nur Englisch.

b ● Geht es dir beim Sprachenlernen nicht auch so? .... mehr man lernt,
   .... mehr Spaß macht es.

c ● Die Tochter meines Nachbarn ist .... erst fünf Jahre alt, ... sie
   spricht schon drei Sprachen.

d ▲ Was für eine Sprache sprechen die Leute da vorne?
   ● Ich würde sagen, ... Schwedisch .... Dänisch. Genau weiß ich
   es auch nicht.

e ▲ Viele Menschen sagen, dass Französisch .... schön klingt, ...
   leicht zu lernen ist.
   ● Das finde ich nicht. Französisch klingt .... sehr schön, ... ich
   finde es nicht einfach zu lernen.

B1 **3 Essgewohnheiten. Lesen Sie die Sätze. Was bedeutet dasselbe? Markieren Sie die
richtigen Konjunktionen.**

a Ich esse keinen Fisch und kein Fleisch.
   Ich esse | **sowohl** | Fisch | **als auch** | Fleisch.
   | weder | | noch |

b Ich bin keine Vegetarierin, aber ich esse trotzdem kein Fleisch.
   Ich bin | **zwar** | keine Vegetarierin, | **aber** | ich mag einfach kein Fleisch.
   | entweder | | oder |

c Aber ich liebe Obst und ich liebe Gemüse.
   Aber ich liebe | **je** | Obst | **desto** | Gemüse.
   | sowohl | | als auch |

d Ich mag es besonders gern, wenn das Obst richtig sauer ist.
   Je | saurer das Obst ist, | **desto** | lieber mag ich es.
   Zwar | | **aber** |

e Ich esse jeden Morgen Erdbeeren oder Orangen. Mehr nicht.
   Ich esse jeden Morgen | **nicht nur** | Erdbeeren, | **sondern auch** | Orangen. Mehr nicht.
   | entweder | | oder |

Du
Du bist der Mensch,
für den ich lebe.
Du bist die Frau,
die mich so glücklich macht.
Hier ist der Ort,
wo ich am liebsten bin.
Dies ist das Lied,
das ich so gerne sing':
Du bist alles, was ich will.

Mit einem Relativsatz wird ein Nomen genauer beschrieben. Er steht direkt hinter diesem Nomen. Der Relativsatz beginnt mit dem Relativpronomen. Der Kasus des Relativpronomens richtet sich nach dem Verb im Nebensatz.

Relativsatz ...	Beispiel	
im Nominativ	Du bist <u>die Frau</u>, die mich so glücklich macht.	**Die Frau** macht mich so glücklich. (Nominativ)
im Akkusativ	Und du bist <u>der Mann</u>, den ich über alles liebe.	Ich liebe **den Mann** über alles. (Akkusativ)
im Dativ	Du bist <u>der Mann</u>, dem ich mein Herz schenke.	Ich schenke **dem Mann** mein Herz. (Dativ)
im Genitiv	Du bist <u>der Mann</u>, dessen Stimme ich überall erkenne.	Ich erkenne **deine Stimme** überall.
mit Präposition	Du bist <u>der Mensch</u>, für den ich lebe.	Ich lebe **für den Menschen**. (Präposition + Akkusativ)
nach *alles, nichts, etwas, das*	Du bist alles, was ich will.	
nach Ortsangaben auch nach: *dort, da, überall, die Stadt* usw.	Hier ist der Ort, wo ich am liebsten bin.	

Formen: Relativpronomen

maskulin	Nominativ	Du bist der Mann,	der	mich liebt.
	Akkusativ		den	ich liebe.
	Dativ		dem	ich alles glaube.
	Genitiv		dessen	Frau ich sein möchte.
neutral	Nominativ	Du bist das Kind,	das	mich liebt.
	Akkusativ		das	ich gern habe.
	Dativ		dem	ich alles kaufen würde.
	Genitiv		dessen	Zukunft mir wichtig ist.
feminin	Nominativ	Du bist die Frau,	die	mich liebt.
	Akkusativ		die	ich liebe.
	Dativ		der	ich alles glaube.
	Genitiv		deren	Mann ich sein möchte.
Plural	Nominativ	Das sind die Männer, Kinder, Frauen,	die	mich mögen.
	Akkusativ		die	ich gern habe.
	Dativ		denen	ich vertraue.
	Genitiv		deren	Lieder ich gern höre.

1 Stellenanzeigen und mehr. Schreiben Sie Relativsätze.

a **Mitarbeiter mit Verkaufserfahrung gesucht:** Er hat einen Führerschein. ● Freundlichkeit ist ihm sehr wichtig. ● Wir bezahlen ihn bei Erfolg sehr gut.

b **Für unser neues Beautynail-Nagelstudio suchen wir eine engagierte Stylistin.** Sie ist kreativ. ● Selbstständiges Arbeiten gefällt ihr sehr gut. ● Wir bereiten sie auf die neue Arbeit gut vor.

c Für unser Sommerfest suchen wir ein großes Zelt. Es hat Platz für 150 Leute. ● Man kann es schnell aufbauen. ● Auch starker Regen macht ihm nichts aus.

d **Erzieherinnen gesucht!** Sie sind geduldig und erfahren. ● Wir setzen sie vor allem in der Gruppe der Vorschulkinder ein. ● Wir bieten ihnen einen sicheren Arbeitsplatz an.

a Wir suchen einen Mitarbeiter, der einen Führerschein hat, dem ...
b Wir suchen eine Stylistin, ...
c Für unser Sommerfest suchen wir ein großes Zelt, ...
d Für unseren Kindergarten suchen wir zwei Erzieherinnen, ...

2 Aus der Werbung. Schreiben Sie Relativsätze.

a Univers. Wir sind ein internationales Unternehmen und bekannt für unseren technischen Vorsprung.

Wir sind ein internationales Unternehmen, das für seinen technischen Vorsprung bekannt ist.

b Heimservice Kornbrot. Wir liefern Lebensmittel. Sie können sie bequem im Internet bestellen.

Der Heimservice Kornbrot liefert Lebensmittel, ...

c **Der neue Atlantis Coupé ist ein besonderes Auto.** Seine Sparsamkeit überzeugt auch den letzten Zweifler.

Der neue Atlantis Coupé ist ein Auto, ...

d Roberta Löhr – eine Politikerin mit Herz und Verstand! Ihr können Sie wirklich vertrauen.

Roberta Löhr ist eine Politikerin, ...

3 Internationales Quiz. Ergänzen Sie das passende Relativpronomen.

> was ● von dem ● wo ● in dem ● durch die ● in dem

a Wie heißt das Museum in London, ...in........ ...dem..... berühmte Persönlichkeiten aus aller Welt als Wachsfiguren stehen?

b Von wem wurde das Märchenschloss Neuschwanstein erbaut, ... eine Kopie in Disney World in Florida steht?

c Wie heißt die Stadt, ... das Geburtshaus von Mozart steht?

d Wie heißen die Länder, ... der Rhein fließt?

e Wie heißt der Film, ... Humphrey Bogart sagt: „Spiel's noch mal, Sam."?

f Gibt es etwas, ... Sie nicht wussten? Dann drehen Sie die Seite doch einfach auf den Kopf.

a Madame Tussauds , b König Ludwig II, c Salzburg, d Schweiz, Liechtenstein,
Österreich, Deutschland, Frankreich, Niederlande, e Casablanca (1942)

143

A Komposita

Aus vielen Nomen, Adjektiven, Verben und Präpositionen kann man neue Nomen bilden. Sie heißen Komposita und man schreibt sie zusammen. Das letzte Wort bestimmt das Genus:

die Bücher + **der Schrank** = **der Bücherschrank**

Das letzte Wort sagt immer, was es ist. Der vordere Teil beschreibt es genauer:

eine Kaffeetasse	→	eine Tasse für Kaffee
eine Teetasse	→	eine Tasse für Tee
eine Espressotasse	→	eine Tasse für Espresso

Nomen + Nomen	das Radio + der Sender	der **Radiosender**
Adjektiv + Nomen	super + die Idee	die **Superidee**
Verb + Nomen	schreiben + der Tisch	der **Schreibtisch**
Präposition + Nomen	über + die Stunde	die **Überstunde**

⚠ Manche Wörter haben einen Verbindungsbuchstaben, z.B. Arbei**t**stisch, Blume**n**vase.

B Nomen aus anderen Wörtern mit Suffixen

Man kann aus Verben, Adjektiven und Nomen durch Nachsilben (Suffixe) neue Nomen bilden. Jede Nachsilbe hat ein festes Genus.

➡ **Genus, Seite 8**

Nomen aus Verben		auch so:
-ung	meinen → die Meinung	senden, planen, ordnen, achten
-e	bitten → die Bitte	reisen, bremsen, lieben
-er	fahren → der Fahrer / verkaufen → der Verkäufer	sprechen, spielen

Nomen aus Adjektiven		auch so:
-heit	krank → die Krankheit	schön, frech, frei
-keit	fröhlich → die Fröhlichkeit	gemeinsam, einsam

Nomen aus Nomen		auch so:
-er	Mathematik → der Mathematiker	Berlin, Fisch
-ler	Sport → der Sportler / Kunst → der Künstler	Wissenschaft
-in	Sänger → die Sängerin	Bäcker, Lehrer, Fahrer
-chen	Tisch → das Tischchen / Blume → das Blümchen	Bär
-lein	Buch → das Büchlein	Brief, Kind, Tuch

A2

1 Das mag ich gern. Notieren Sie die Komposita mit dem Artikel.

a .....das.. Käsebrötchen..........   d ....

b ....   e ....

c ....   f ....

A2

2 Wo und mit wem ich lebe. Bilden Sie Komposita.

a Meine <u>Familie</u> ist sehr <u>groß</u>. Es ist eine *Großfamilie*.....................

b Wir wohnen im <u>alten</u> Teil von der <u>Stadt</u>: in der ....

c Dort ist kein <u>Haus</u> sehr <u>hoch</u>. Es gibt dort kein ....

d Unsere <u>Stadt</u> ist sehr <u>klein</u>: Es ist eine ....

e Ich mache mit meiner Familie bald einen <u>kurzen</u> <u>Urlaub</u>: einen ....

A2

3 Im Restaurant. Bilden Sie Komposita mit *Unter-, Vor-, Nach-, Neben-*.

a Möchten Sie vorher eine Suppe oder eine andere ....speise?

b Was isst denn der Herr dort am ....tisch? Das sieht gut aus.

c Bitte stell die Tasse nicht direkt auf den Tisch. Darunter muss noch die ....tasse.

d Möchtest du nach dem Hauptgericht noch eine ....speise?

A2

4 Wer ist das? Schreiben Sie.

a Er <u>pflegt</u> Kranke: *der Pfleger*.....................   d Sie <u>fährt</u> ein Auto: ....

b Er <u>malt</u>: ....   e Sie <u>tanzt</u>: ....

c Er hat <u>Physik</u> studiert: ....   f Sie macht viel <u>Sport</u>: ....

B1

5 Schöner Urlaub. Ergänzen Sie die Endung.

-er ● -ung ● -chen ● -ung ● -keit ● -e ● -heit ● -in ● -ung ● -e

Unser Urlaub war wunderbar! Wie eine Reis.......... in die Vergangen.......... Denn wir haben in einem

alten Schloss gewohnt – wie im Märchen! Ganz toll war die Freundlich.......... der Hotelangestellten!

Die Empfangschef.........., der Kellner im Restaurant, das Zimmermädchen ... sie alle waren sehr

herzlich. Und jede Bitt.......... haben sie uns sofort erfüllt. Wir haben ein herrliches Frühstück aufs

Zimmer bekommen – mit Obst und den besten frischen Bröt..........! Es war Erhol.......... pur! Auf die

Übernacht.......... haben wir sogar eine Ermäßig.......... bekommen: Rabatt für Frühbuch..........!

Aus Verben, Nomen und Adjektiven kann man neue Adjektive bilden.

un-	freundlich → **un**freundlich *auch so:* gern, höflich, glücklich, zufrieden, möglich	un + Adjektiv *un- = nicht* *unfreundlich = nicht freundlich*
-isch	Sturm → stürm**isch** *auch so:* Grieche → griech**isch**, Europa → europä**isch** ⚠ Regen → regn**erisch**	Nomen + isch
-ig	Eile → eil**ig** *auch so:* Luft → luft**ig**, Durst → durst**ig**	Nomen + ig
-lich	Ende → end**lich** *auch so:* Winter → winter**lich**, Freund → freund**lich**	Nomen + lich
-los	Pause → pausen**los** *auch so:* Kosten → kosten**los**, Grund → grund**los**	Nomen + -los *-los = ohne* *pausenlos = ohne Pause*
-bar	essen → ess**bar** *auch so:* erreichen → erreich**bar**, machen → mach**bar**	Verbstamm + bar *-bar = man kann* *essbar = das kann man essen*

➡ **Adjektive, ab Seite 34**

Zusammensetzungen	
Adjektiv + Adjektiv	hell + blau → **hellblau** *auch so:* dunkel + rot → **dunkelrot**
Nomen + Adjektiv	Eis + kalt → **eiskalt** *auch so:* Tag + hell → **taghell**, Feuer + rot → **feuerrot**

A2 **1** **Max wohnt immer noch zu Hause ... Bilden Sie die Negation mit *un-*.**

Max ist noch .... (verheiratet). Er ist darüber aber nicht
.... (glücklich). Die meisten Frauen findet er
.... (interessant) oder .... (sympathisch). Zu Treffen kommt er oft
.... (pünktlich). Sein Aussehen findet er
.... (wichtig). Findet er noch eine Frau? Das ist noch .... (klar).

A2 **2** **Ein sorgloser Tag. Bilden Sie Adjektive mit *-ig* oder *-los*. Achten Sie auf die Endungen.**

a Ein Tag mit viel Sonne: Ein *sonniger* .... Tag
b Ein Himmel ohne Wolken: Ein .... Himmel
c Eine Landschaft mit Bergen: Eine .... Landschaft
d Ein Platz im Schatten: Ein .... Platz
e Ein Leben ohne Sorgen: Ein .... Leben

A2 **3** **Alles verständlich. Ordnen Sie den Adjektiven die richtige Bedeutung zu.**

a verständlich — aus Österreich
b arbeitslos — ohne Schlaf
c windig — mit viel Wind
d salzig — so, wie es gerade Mode ist
e österreichisch — das kann man gut verstehen
f modisch — schmeckt nach Salz
g schlaflos — ohne Arbeit

A2 **4** **Bei uns ist alles machbar. Formulieren Sie Adjektive mit *-bar*.**

a Die Kasse ist zurzeit kaputt. Man <u>kann</u> sie nicht <u>benutzen</u>:
Sie ist zurzeit nicht *benutzbar* ....
b Die Preise sind so hoch, die <u>kann</u> niemand <u>bezahlen</u>:
Sie sind un............................
c Der Brief lag so lange in der Sonne, dass man ihn nicht mehr <u>lesen kann</u>:
Er ist nicht mehr ....
d Tut mir leid, dieses Produkt <u>können</u> wir nicht mehr <u>liefern</u>:
Es ist nicht mehr ....
e Fast alle Probleme <u>kann</u> man <u>lösen</u> und auch dieses Problem ist ....

B1 **5** **Feuerrot und eiskalt. Finden Sie die Adjektive.**

Gestern war ich 🐕🐕 *hunde* müde. Ich bin auch ⚡ .... schnell

eingeschlafen. Ich habe von einem 🖼 .... schönen Mädchen in einem ☀️☀️

.... gelben Kleid geträumt. In ihrem 🔥 .... roten Haar hatte es

eine ☁️ .... gelbe Blume. Für mich war 🥛 .... klar: Das ist

meine Traumfrau. Aber ganz plötzlich war alles vorbei: Mein Wecker hat geklingelt und ich bin so

erschrocken, dass ich aus dem Bett gefallen bin: auf den 🪨 .... harten Boden.

Unregelmäßige Verben

Infinitiv	Präsens (3. Person Singular)	Präteritum (3. Person Singular)	Perfekt (3. Person Singular)
ab·biegen	biegt ab	bog ab	ist abgebogen
ab·fahren	fährt ab	fuhr ab	ist abgefahren
ab·fliegen	fliegt ab	flog ab	ist abgeflogen
ab·geben	gibt ab	gab ab	hat abgegeben
ab·hängen	hängt ab	hing ab	hat abgehangen
ab·heben	hebt ab	hob ab	hat abgehoben
ab·nehmen	nimmt ab	nahm ab	hat abgenommen
ab·schließen	schließt ab	schloss ab	hat abgeschlossen
ab·waschen	wäscht ab	wusch ab	hat abgewaschen
an·bieten	bietet an	bot an	hat angeboten
an·erkennen	erkennt an	erkannte an	hat anerkannt
an·fangen	fängt an	fing an	hat angefangen
an·gehen	geht an	ging an	ist angegangen
an·geben	gibt an	gab an	hat angegeben
an·haben	hat an	hatte an	hat angehabt
an·kommen	kommt an	kam an	ist angekommen
an·nehmen	nimmt an	nahm an	hat angenommen
an·rufen	ruft an	rief an	hat angerufen
an·schließen	schließt an	schloss an	hat angeschlossen
an·sehen	sieht an	sah an	hat angesehen
an·sprechen	spricht an	sprach an	hat angesprochen
an·wenden	wendet an	wendete (wandte) an	hat angewendet (angewandt)
an·ziehen	zieht an	zog an	hat angezogen
auf·fallen	fällt auf	fiel auf	ist aufgefallen
auf·geben	gibt auf	gab auf	hat aufgegeben
auf·halten	hält auf	hielt auf	hat aufgehalten
auf·heben	hebt auf	hob auf	hat aufgehoben
auf·nehmen	nimmt auf	nahm auf	hat aufgenommen
auf·schreiben	schreibt auf	schrieb auf	hat aufgeschrieben
auf·stehen	steht auf	stand auf	ist aufgestanden
auf·treten	tritt auf	trat auf	ist aufgetreten
aus·fallen	fällt aus	fiel aus	ist ausgefallen
aus·geben	gibt aus	gab aus	hat ausgegeben
aus·gehen	geht aus	ging aus	ist ausgegangen
aus·schließen	schließt aus	schloss aus	hat ausgeschlossen
aus·sehen	sieht aus	sah aus	hat ausgesehen
aus·sprechen	spricht aus	sprach aus	hat ausgesprochen
aus·steigen	steigt aus	stieg aus	ist ausgestiegen

Infinitiv	Präsens (3. Person Singular)	Präteritum (3. Person Singular)	Perfekt (3. Person Singular)
aus·ziehen	zieht aus	zog aus	hat/ist ausgezogen
backen	backt (bäckt)	backte (buk)	hat gebacken
sich befinden	befindet sich	befand sich	hat sich befunden
beginnen	beginnt	begann	hat begonnen
behalten	behält	behielt	hat behalten
bekannt geben	gibt bekannt	gab bekannt	hat bekannt gegeben
bekommen	bekommt	bekam	hat bekommen
beraten	berät	beriet	hat beraten
beschließen	beschließt	beschloss	hat beschlossen
beschreiben	beschreibt	beschrieb	hat beschrieben
besitzen	besitzt	besaß	hat besessen
besprechen	bespricht	besprach	hat besprochen
bestehen	besteht	bestand	hat bestanden
betragen	beträgt	betrug	hat betragen
betrügen	betrügt	betrog	hat betrogen
beweisen	beweist	bewies	hat bewiesen
sich bewerben	bewirbt sich	bewarb sich	hat sich beworben
sich beziehen	bezieht sich	bezog sich	hat sich bezogen
bieten	bietet	bot	hat geboten
bitten	bittet	bat	hat gebeten
bleiben	bleibt	blieb	ist geblieben
braten	brät	briet	hat gebraten
brechen	bricht	brach	hat gebrochen
brennen	brennt	brannte	hat gebrannt
bringen	bringt	brachte	hat gebracht
denken	denkt	dachte	hat gedacht
dürfen	darf	durfte	hat gedurft / dürfen
ein·brechen	bricht ein	brach ein	ist eingebrochen
ein·fallen	fällt ein	fiel ein	ist eingefallen
ein·laden	lädt ein	lud ein	hat eingeladen
ein·nehmen	nimmt ein	nahm ein	hat eingenommen
ein·schlafen	schläft ein	schlief ein	ist eingeschlafen
ein·steigen	steigt ein	stieg ein	ist eingestiegen
ein·tragen	trägt ein	trug ein	hat eingetragen
ein·treten	tritt ein	trat ein	ist eingetreten
ein·ziehen	zieht ein	zog ein	ist eingezogen
empfangen	empfängt	empfing	hat empfangen
empfehlen	empfiehlt	empfahl	hat empfohlen

Infinitiv	Präsens (3. Person Singular)	Präteritum (3. Person Singular)	Perfekt (3. Person Singular)
entgegen·kommen	kommt entgegen	kam entgegen	ist entgegengekommen
enthalten	enthält	enthielt	hat enthalten
entlassen	entlässt	entließ	hat entlassen
entscheiden	entscheidet	entschied	hat entschieden
sich entschließen	entschließt sich	entschloss sich	hat sich entschlossen
entstehen	entsteht	entstand	ist entstanden
erfahren	erfährt	erfuhr	hat erfahren
erfinden	erfindet	erfand	hat erfunden
erhalten	erhält	erhielt	hat erhalten
erkennen	erkennt	erkannte	hat erkannt
erscheinen	erscheint	erschien	ist erschienen
erschrecken*	erschrickt	erschrak	ist erschrocken
erziehen	erzieht	erzog	hat erzogen
essen	isst	aß	hat gegessen
fahren	fährt	fuhr	ist/hat gefahren**
fallen	fällt	fiel	ist gefallen
fangen	fängt	fing	hat gefangen
fern·sehen	sieht fern	sah fern	hat ferngesehen
fest·halten	hält fest	hielt fest	hat festgehalten
fest·nehmen	nimmt fest	nahm fest	hat festgenommen
finden	findet	fand	hat gefunden
fliegen	fliegt	flog	ist/hat geflogen**
fliehen	flieht	floh	ist geflohen
fließen	fließt	floss	ist geflossen
fressen	frisst	fraß	hat gefressen
frieren	friert	fror	hat gefroren
geben	gibt	gab	hat gegeben
gefallen	gefällt	gefiel	hat gefallen
gehen	geht	ging	ist gegangen
gelingen	gelingt	gelang	ist gelungen
gelten	gilt	galt	hat gegolten
geschehen	geschieht	geschah	ist geschehen
gewinnen	gewinnt	gewann	hat gewonnen
gießen	gießt	goss	hat gegossen
greifen	greift	griff	hat gegriffen
haben	hat	hatte	hat gehabt
halten	hält	hielt	hat gehalten
hängen*	hängt	hing	hat gehangen

Infinitiv	Präsens (3. Person Singular)	Präteritum (3. Person Singular)	Perfekt (3. Person Singular)
heben	hebt	hob	hat gehoben
heißen	heißt	hieß	hat geheißen
helfen	hilft	half	hat geholfen
(he)raus·finden	findet (he)raus	fand (he)raus	hat (he)rausgefunden
(he)runter·laden	lädt (he)runter	lud (he)runter	hat (he)runtergeladen
(he)runter·fahren	fährt (he)runter	fuhr (he)runter	hat (he)runtergefahren
hinterlassen	hinterlässt	hinterließ	hat hinterlassen
hin·weisen	weist hin	wies hin	hat hingewiesen
kennen	kennt	kannte	hat gekannt
klingen	klingt	klang	hat geklungen
kommen	kommt	kam	ist gekommen
können	kann	konnte	hat gekonnt/können
krank·schreiben	schreibt krank	schrieb krank	hat krankgeschrieben
lassen	lässt	ließ	hat gelassen
laufen	läuft	lief	ist gelaufen
leiden	leidet	litt	hat gelitten
leid·tun	tut leid	tat leid	hat leidgetan
leihen	leiht	lieh	hat geliehen
lesen	liest	las	hat gelesen
liegen	liegt	lag	hat gelegen
los·fahren	fährt los	fuhr los	ist losgefahren
lügen	lügt	log	hat gelogen
messen	misst	maß	hat gemessen
missverstehen	missversteht	missverstand	hat missverstanden
mögen	mag	mochte	hat gemocht
müssen	muss	musste	hat gemusst / müssen
nach·schlagen	schlägt nach	schlug nach	hat nachgeschlagen
nehmen	nimmt	nahm	hat genommen
nennen	nennt	nannte	hat genannt
raten	rät	riet	hat geraten
reiten	reitet	ritt	ist/hat geritten**
rennen	rennt	rannte	ist gerannt
riechen	riecht	roch	hat gerochen
rufen	ruft	rief	hat gerufen
scheiden	scheidet	schied	hat geschieden
scheinen	scheint	schien	hat geschienen
schieben	schiebt	schob	hat geschoben
schießen	schießt	schoss	hat geschossen

Infinitiv	Präsens (3. Person Singular)	Präteritum (3. Person Singular)	Perfekt (3. Person Singular)
schlafen	schläft	schlief	hat geschlafen
schlagen	schlägt	schlug	hat geschlagen
schließen	schließt	schloss	hat geschlossen
schneiden	schneidet	schnitt	hat geschnitten
schreiben	schreibt	schrieb	hat geschrieben
schreien	schreit	schrie	hat geschrien
schweigen	schweigt	schwieg	hat geschwiegen
schwimmen	schwimmt	schwamm	ist/hat geschwommen
sehen	sieht	sah	hat gesehen
sein	ist	war	ist gewesen
senden*	sendet	sendete (sandte)	hat gesendet (gesandt)
singen	singt	sang	hat gesungen
sinken	sinkt	sank	ist gesunken
sitzen	sitzt	saß	hat gesessen
sollen	soll	sollte	hat gesollt / sollen
sprechen	spricht	sprach	hat gesprochen
springen	springt	sprang	ist gesprungen
statt·finden	findet statt	fand statt	hat stattgefunden
stehen	steht	stand	hat gestanden
stehlen	stiehlt	stahl	hat gestohlen
steigen	steigt	stieg	ist gestiegen
sterben	stirbt	starb	ist gestorben
stinken	stinkt	stank	hat gestunken
stoßen	stößt	stieß	hat/ist gestoßen**
streichen	streicht	strich	hat gestrichen
streiten	streitet	stritt	hat gestritten
teil·nehmen	nimmt teil	nahm teil	hat teilgenommen
tragen	trägt	trug	hat getragen
treffen	trifft	traf	hat getroffen
treiben	treibt	trieb	hat/ist getrieben**
treten	tritt	trat	hat/ist getreten**
trinken	trinkt	trank	hat getrunken
tun	tut	tat	hat getan
überfahren	überfährt	überfuhr	hat überfahren
übernehmen	übernimmt	übernahm	hat übernommen
übertragen	überträgt	übertrug	hat übertragen
übertreiben	übertreibt	übertrieb	hat übertrieben
überweisen	überweist	überwies	hat überwiesen

Infinitiv	Präsens (3. Person Singular)	Präteritum (3. Person Singular)	Perfekt (3. Person Singular)
um·steigen	steigt um	stieg um	ist umgestiegen
um·ziehen	zieht um	zog um	ist umgezogen
unterbrechen	unterbricht	unterbrach	hat unterbrochen
sich unterhalten	unterhält sich	unterhielt sich	hat sich unterhalten
unternehmen	unternimmt	unternahm	hat unternommen
unterscheiden	unterscheidet	unterschied	hat unterschieden
unterschreiben	unterschreibt	unterschrieb	hat unterschrieben
unterstreichen	unterstreicht	unterstrich	hat unterstrichen
verbieten	verbietet	verbot	hat verboten
verbinden	verbindet	verband	hat verbunden
verbrennen	verbrennt	verbrannte	hat verbrannt
verbringen	verbringt	verbrachte	hat verbracht
vergessen	vergisst	vergaß	hat vergessen
vergleichen	vergleicht	verglich	hat verglichen
sich verhalten	verhält sich	verhielt sich	hat sich verhalten
verlassen	verlässt	verließ	hat verlassen
sich verlaufen	verläuft sich	verlief sich	hat sich verlaufen
verleihen	verleiht	verlieh	hat verliehen
verlieren	verliert	verlor	hat verloren
vermeiden	vermeidet	vermied	hat vermieden
verraten	verrät	verriet	hat verraten
verschieben	verschiebt	verschob	hat verschoben
verschreiben	verschreibt	verschrieb	hat verschrieben
verschwinden	verschwindet	verschwand	ist verschwunden
versprechen	verspricht	versprach	hat versprochen
verstehen	versteht	verstand	hat verstanden
vertreten	vertritt	vertrat	hat vertreten
verzeihen	verzeiht	verzieh	hat verziehen
vor·haben	hat vor	hatte vor	hat vorgehabt
vor·kommen	kommt vor	kam vor	ist vorgekommen
vor·lesen	liest vor	las vor	hat vorgelesen
sich vor·nehmen	nimmt sich vor	nahm sich vor	hat sich vorgenommen
vor·schlagen	schlägt vor	schlug vor	hat vorgeschlagen
vor·ziehen	zieht vor	zog vor	hat vorgezogen
wachsen	wächst	wuchs	ist gewachsen
waschen	wäscht	wusch	hat gewaschen
weh·tun	tut weh	tat weh	hat wehgetan
werden	wird	wurde	ist geworden

Unregelmäßige Verben

Infinitiv	Präsens (3. Person Singular)	Präteritum (3. Person Singular)	Perfekt (3. Person Singular)
werfen	wirft	warf	hat geworfen
widersprechen	widerspricht	widersprach	hat widersprochen
wiegen	wiegt	wog	hat gewogen
wissen	weiß	wusste	hat gewusst
wollen	will	wollte	hat gewollt / wollen
ziehen	zieht	zog	hat/ist gezogen**
zu·gehen	geht zu	ging zu	ist zugegangen
zu·lassen	lässt zu	ließ zu	hat zugelassen
zu·nehmen	nimmt zu	nahm zu	hat zugenommen
zurecht·kommen	kommt zurecht	kam zurecht	ist zurechtgekommen
zwingen	zwingt	zwang	hat gezwungen

* Diese Verben gibt es auch mit regelmäßigen Konjugationsformen. Dann haben die Verben aber eine etwas andere Bedeutung.

** Wenn das Verb ein (Akkusativ-)Objekt hat, wird das Perfekt mit „haben" gebildet, sonst mit „sein".

Beispiel: *Der Tourist ist nach Berlin geflogen.* Aber: *Der Pilot hat das Flugzeug nach Berlin geflogen.*

Verben mit Dativ-Ergänzung

Verb	Beispiel
antworten	Schon wieder eine Mail von Marc. Was soll ich ihm nur antworten?
begegnen	Du glaubst mir nie, wem ich gestern begegnet bin!
danken	Die Firma dankt ihren Kunden mit einem kleinen Geschenk.
ein·fallen	Jutta hat morgen Geburtstag, aber mir fällt einfach kein Geschenk für sie ein!
fehlen	Am meisten fehlt meiner Freundin Carmen hier das Meer.
folgen	Ich zeige Ihnen den Weg zum Direktor. Bitte folgen Sie mir.
gefallen	Meiner Schwester gefällt es in der neuen Stadt leider gar nicht.
gehen	Wie geht es eigentlich deinem Bruder?
gehören	Finger weg! Die Schokolade gehört mir.
gelingen	Hmm. Lecker! Die Suppe ist dir sehr gut gelungen.
genügen	Er hat jetzt auch noch einen Sportwagen. Ein Auto genügt ihm wohl nicht.
glauben	Du glaubst mir nie, wem ich gestern begegnet bin!
gratulieren	Frau Schulz gratuliert ihrem Kollegen nie zum Geburtstag.
gut·tun	Das Wochenende in den Bergen hat uns sehr gut getan.
helfen	Entschuldigung, könnten Sie mir bitte helfen?
leid·tun	Es tut mir leid, aber ich kann morgen leider nicht mitkommen.
nach·laufen	Dieser Hund läuft mir schon den ganzen Tag nach.
nützen	Deine Entschuldigungen werden dir diesmal nichts nützen!
passen	Oh je. Die neuen Schuhe passen mir gar nicht. Meine Füße tun mir schon weh.
passieren	So was ist mir ja noch nie passiert!
raten	Ich habe ihm geraten, sich einen besseren Job zu suchen. Aber er hört mir ja nie zu.
schmecken	Und, wie schmeckt Ihnen der Kirschkuchen? Das ist mein Geheimrezept!
stehen	Das grüne Kleid steht dir wirklich gut!
vertrauen	Beim Klettern muss man seinem Partner 100 Prozent vertrauen.
verzeihen	Diese Lüge werde ich ihm nie verzeihen!
weh·tun	Tut dir dein Rücken noch weh?
widersprechen	Mein Opa mag es nicht, wenn man ihm widerspricht.
zu·hören	Ich habe ihm geraten, sich einen besseren Job zu suchen. Aber er hört mir ja nie zu.
zu·stimmen	Die neue Autobahn wird nun doch gebaut. Der Stadtrat hat dem Plan zugestimmt.

Verb + Präposition + Kasus	Beispiel
ab·hängen von + Dativ	Die Höhe der Stromkosten hängt vom Verbrauch ab.
abstimmen über + Akkusativ	Sie können jetzt über den Gewinner des Malwettbewerbs abstimmen.
achten auf + Akkusativ	Achten Sie bei Bank-Angeboten auf den Zins!
an·fangen mit + Dativ	Lassen Sie uns mit dem Unterricht anfangen!
an·kommen auf + Akkusativ	Es kommt nur auf dich selbst an, ob du Erfolg hast.
antworten auf + Akkusativ	Ich antworte dem Chef morgen auf seine E-Mail, heute habe ich keine Lust mehr.
arbeiten an + Dativ	An dem Text sollten Sie noch arbeiten.
sich ärgern über + Akkusativ	Meine Tochter ärgert sich oft über ihren kleinen Bruder.
auf·fordern zu + Dativ	Der Lehrer fordert die Schüler zur aktiven Mitarbeit auf.
auf·hören mit + Dativ	Ich würde ja gern abnehmen, aber ich kann einfach nicht mit dem Essen aufhören.
auf·klären über + Akkusativ	Der Journalist will die Bürger über den Plan des Politikers aufklären.
auf·passen auf + Akkusativ	Kannst du auf meinen Hund aufpassen, während ich einkaufe?
sich auf·regen über + Akkusativ	Meine Mutter regt sich immer über meine Unpünktlichkeit auf.
aus·geben für + Akkusativ	Wir sollten das Geld lieber für einen neuen Kühlschrank ausgeben als für eine Reise.
sich bedanken bei + Dativ für + Akkusativ	Ich möchte mich bei Ihnen für Ihre Hilfe bedanken.
beginnen mit + Dativ	In fünf Minuten beginnen wir mit dem Essen! Wenn du dann noch nicht da bist …
sich bemühen um + Akkusativ	Ich bemühe mich um einen Kredit bei der Bank. Hoffentlich klappt es.
berichten über + Akkusativ	Alle Zeitungen berichten zurzeit über den frechen Dieb.
sich beschäftigen mit + Dativ	In meiner Freizeit beschäftige ich mich viel mit meinem Hund.
sich beschweren bei + Dativ über + Akkusativ	Der Gast beschwert sich beim Hotelbesitzer über den unfreundlichen Kellner.
bestehen aus + Dativ	Der Test besteht aus einem Lesetext und einer Schreibaufgabe.
sich beteiligen an + Dativ	Ich beteilige mich an dem Geschenk für die Kollegin mit drei Euro.
sich bewerben um + Akkusativ	Bewirb dich doch um das Praktikum.
sich beziehen auf + Akkusativ	Ich beziehe mich auf Ihren Brief vom 3. Mai.
bitten um + Akkusativ	Darf ich dich um deine Hilfe bitten?
danken für + Akkusativ	Ich danke dir für deine Hilfe.
denken an + Akkusativ	Sie denkt an den netten Mann aus dem Bus.
diskutieren mit + Dativ über + Akkusativ	Ich muss ständig mit meinem Sohn über seine Aufgaben im Haushalt diskutieren.
sich drehen um + Akkusativ	Hier dreht sich alles nur um dich! Und was ist mit mir?
ein·laden zu + Dativ	Darf ich Sie zu einem Glas Wein einladen?
sich einigen auf + Akkusativ	Sie konnten sich nicht auf ein Reiseziel einigen.
sich ein·setzen für + Akkusativ	Der Politiker setzt sich für den Umweltschutz ein.
sich entscheiden für + Akkusativ	Wir haben uns für diesen Wagen entschieden, weil er einen großen Kofferraum hat.

Verb + Präposition + Kasus	Beispiel
sich entschuldigen bei + Dativ für + Akkusativ	Der Wirt entschuldigt sich beim Gast für den schlechten Service.
erfahren von + Dativ	Wir haben von deinem tollen Erfolg erfahren und gratulieren dir!
sich erholen von + Dativ	Hast du dich von der Operation schon erholt?
sich erinnern an + Akkusativ	Die Kinder erinnern sich gern an ihren Opa.
erkennen an + Dativ	Man erkennt unser Haus sofort an seinem kaputten Dach.
sich erkundigen bei + Dativ nach + Dativ	Ich möchte mich (bei Ihnen) nach einem Flug erkundigen.
erschrecken über + Akkusativ	Ich bin über die hohe Rechnung erschrocken.
erzählen von + Dativ	Meine Oma erzählt gern von ihrer Jugend.
erzählen über + Akkusativ	Warum willst du mir nichts über deinen neuen Freund erzählen?
fehlen an + Dativ	Es fehlt an einem guten Plan für dieses Projekt.
fragen nach + Dativ	Papa! Da fragt ein Mann nach dir.
sich freuen auf + Akkusativ	Ich freue mich auf meinen Geburtstag.
sich freuen über + Akkusativ	Ich habe mich sehr über deinen Brief gefreut.
führen zu + Dativ	Die Diskussion hat zu einem guten Ergebnis geführt.
sich fürchten vor + Dativ	Anna fürchtet sich vor Hunden.
gehen um + Akkusativ	Im Film geht es um einen verschwundenen Jungen.
gehören zu + Dativ	Es gehört zu meinen Aufgaben im Haushalt, das Bad zu putzen.
gelten als + Nominativ	Stempel und Unterschrift gelten als Quittung.
sich gewöhnen an + Akkusativ	Sie muss sich erst an den Winter in Deutschland gewöhnen.
glauben an + Akkusativ	Meine Tochter glaubt noch an den Weihnachtsmann.
gratulieren zu + Dativ	Wir gratulieren dir zu deinem Erfolg.
halten für + Akkusativ	Oh, Entschuldigung! Ich habe Sie für meinen Mann gehalten. Er hat die gleiche Jacke wie Sie.
halten von + Dativ	Mein Vater hält viel von einem guten Essen.
sich halten an + Akkusativ	Die Autofahrer müssen sich an die Verkehrsregeln halten.
sich handeln um + Akkusativ	Ich habe da ein Problem. Es handelt sich um einen Fehler in der Rechnung.
handeln von + Dativ	Das Märchen handelt von einem armen Mädchen.
helfen bei + Dativ	Kann ich dir bei der Arbeit helfen?
hindern an + Dativ	Du kannst mich nicht an meinem Plan hindern.
hin·weisen auf + Akkusativ	Ich möchte Sie auf das Rauchverbot in unserem Hotel hinweisen.
hoffen auf + Akkusativ	Wir hoffen auf ein günstiges Angebot.
hören von + Dativ	Lass bald wieder von dir hören!
impfen gegen + Akkusativ	Man sollte Kinder gegen verschiedene Krankheiten impfen lassen.
sich informieren bei + Dativ über + Akkusativ	Ich würde mich gern (bei Ihnen) über den Ferienjob informieren.
sich interessieren für + Akkusativ	Er interessiert sich sehr für den Film.

Verben mit festen Präpositionen

Verb + Präposition + Kasus	Beispiel
kämpfen für + Akkusativ	Die Arbeiter kämpfen für einen besseren Lohn.
kämpfen gegen + Akkusativ	Die Bürger kämpfen gegen den Bau der Straße.
klagen über + Akkusativ	Der Patient klagt über einen starken Schmerz im Bein.
kommen auf + Akkusativ	Wie bist du nur auf die Idee gekommen, dein Auto selbst zu reparieren? Du hast doch keine Ahnung von Autos!
kommen zu + Dativ	Wir sind zu dem Ergebnis gekommen, dass wir Kosten sparen müssen.
sich konzentrieren auf + Akkusativ	Du solltest dich auf den Unterricht konzentrieren, statt dich mit deiner Partnerin zu unterhalten.
sich kümmern um + Akkusativ	Ich muss arbeiten, deshalb kümmert sich eine Tagesmutter um meinen Sohn.
lachen über + Akkusativ	Lacht ihr über mich?
leiden an + Dativ	Er leidet an einer gefährlichen Krankheit.
leiden unter + Dativ	Sie leidet unter ihrem unfreundlichen Chef.
liegen an + Dativ	Es liegt nicht an mir, dass wir immer zu spät kommen.
nach·denken über + Akkusativ	Er denkt über den Kauf eines Fernsehers nach.
protestieren gegen + Akkusativ	Die Bürger von Neustadt protestieren gegen die Schließung des Krankenhauses.
reagieren auf + Akkusativ	Das Finanzamt hat noch nicht auf meinen Brief reagiert.
rechnen mit + Dativ	Sie müssen ab März mit einem höheren Preis rechnen.
reden über + Akkusativ / von + Dativ	Sie redet nur noch von ihrem neuen Freund. / über ihren neuen Freund.
riechen nach + Dativ	Hier riecht es nach einem sehr süßen Parfüm.
schicken an + Akkusativ	Schicken Sie die Rechnung bitte an meine private Adresse.
schicken zu + Dativ	Schickst du Thomas bitte zum Chef, wenn er aus der Pause kommt?
schimpfen auf/über + Akkusativ	Alle schimpfen auf/über die schlechten Arbeitsbedingungen.
schmecken nach + Dativ	Das schmeckt nach altem Käse.
schreiben an + Akkusativ	Ich schreibe an Dich, weil ich Deine Hilfe brauche.
(sich) schützen gegen + Akkusativ / vor + Dativ	Diese Creme schützt Sie gegen die Sonne / vor der Sonne.
sehen nach + Dativ	Ich sehe später noch nach dir, okay?
sein für + Akkusativ	Mein Mann ist für den schwarzen Anzug, ich bin für den blauen.
sein gegen + Akkusativ	Die Opposition ist gegen den Plan der Regierung.
sorgen für + Akkusativ	Ich verspreche dir, dass ich immer für dich sorgen werde.
sprechen mit + Dativ über + Akkusativ	Der Küchenchef spricht mit den Köchen über die Speisekarte für das Hochzeitsfest.
sterben an + Dativ	Er ist an den Folgen des Verkehrsunfalls gestorben.
stimmen für + Akkusativ	Alle stimmen für seinen Antrag.
stimmen gegen + Akkusativ	Die Kollegen stimmten gegen meinen Vorschlag.
streiten mit + Dativ über + Akkusativ	Sie streitet mit ihrem Mann über die richtige Erziehung der Kinder.

Verb + Präposition + Kasus	Beispiel
teil·nehmen an + Dativ	Wenn Sie an diesem Kurs teilnehmen möchten, melden Sie sich bitte bis Ende des Monats an.
telefonieren mit + Dativ	Sie telefoniert jeden Tag mit ihrer Mutter.
träumen von + Dativ	Ich träume von einem Urlaub im Süden.
sich treffen mit + Dativ	Sie trifft sich jede Woche mit ihren Freundinnen.
sich trennen von + Dativ	Sie hat sich von ihrem Freund getrennt.
überreden zu + Dativ	Kann ich dich zu einem Stück Kuchen überreden, auch wenn du gerade Diät machst?
überzeugen von + Dativ	Ich bin von den Vorteilen einer Holzheizung überzeugt.
sich unterhalten mit + Dativ über + Akkusativ	Sie unterhält sich mit der Nachbarin über den neuen Mieter.
sich unterscheiden von + Dativ	Mein neuer Chef unterscheidet sich sehr von meinem alten Chef: Er ist viel netter.
sich verabreden mit + Dativ	Ich würde mich gern mal wieder mit dir zum Essen verabreden. Hast du Lust?
sich verabschieden von + Dativ	Ich muss mich leider von Ihnen verabschieden, ich habe noch einen Termin.
vergleichen mit + Dativ	Sie vergleicht ihren neuen Freund immer mit ihrem Ex-Freund.
sich verlassen auf + Akkusativ	Ihr könnt euch auf mich verlassen.
sich verlieben in + Akkusativ	Sie hat sich in einen Arzt verliebt.
sich verstehen mit + Dativ	Ich verstehe mich gut mit meinem Bruder.
verstehen von + Dativ	Ich kann nicht kochen und ich verstehe auch nichts von gesunder Ernährung.
sich vor·bereiten auf + Akkusativ	Hast du dich auf den Test vorbereitet?
warnen vor + Dativ	Ich muss dich vor unserem Nachbarn warnen, er beschwert sich über alles.
warten auf + Akkusativ	Immer muss man auf dich warten!
werden zu + Dativ	Wenn du so weitermachst, wirst du doch noch zu einem guten Handwerker.
wissen von + Dativ	Tut mir leid, ich weiß nichts von dem Brief. Da müssen Sie meine Kollegin fragen.
sich wundern über + Akkusativ	Sie wundert sich über das schlechte Wetter im Sommer.
zurecht·kommen mit + Dativ	Wie kommst du mit deinem neuen Kollegen zurecht?
zu·schauen/zu·sehen bei + Dativ	Ich schaue/sehe dir gern bei der Arbeit zu.
zweifeln an + Dativ	Zweifelst du etwa an meinen Worten?

Lösungsschlüssel

Seite 9 / Genus: maskulin, neutral, feminin

1 der Arzt – die Ärztin, der Verkäufer – die Verkäuferin, der Lehrer – die Lehrerin, der Programmierer – die Programmiererin, der Polizist – die Polizistin, der Fahrer – die Fahrerin

2 **a** das Päckchen, **b** die Polizei, **c** der Lehrling, **d** die Krankheit, **e** der Tourismus, **f** die Möglichkeit, **g** die Portion, **h** die Heizung, **i** die Kultur, **j** die Freundschaft

3 **der:** Dezember, Optimismus, Winter, Musiker, Westen, Juli, Süden, Freitag, März, Herbst, Elektriker, Schüler, Zwilling; **das:** Fernsehen, Würstchen, Schwesterchen, Essen; **die:** Ausbildung, Ausstellung, Pension, Lösung, Reparatur

4 **der:** Nachmittag, Abend, Regen, Schnee, Morgen, Nebel; **das:** Gemüse, Wetter, Obst, Kind, Ei, Mädchen; **die:** Küche, Nacht, Frau, Sonne, Bäckerei, Anmeldung

Seite 11 / Plural

1 **b** die Bananen, **c** die Säfte, **d** die Getränke, **e** die Kiwis, **f** die Eier, **g** die Würstchen, **h** die Bücher, **i** die Kassen, **j** die Verkäuferinnen

2 **–e:** 6 Schuhe, **∵e:** 3 Stühle; **–n:** 2 Lampen, 3 Flaschen; **-en:** 5 Uhren; **–s:** 7 CDs, 3 Autos; **–er:** 3 Bilder; **∵er:** 5 Bücher, 4 Weingläser, 2 Fahrräder; **–:** 2 Computer, 2 Koffer; **∵:** 2 Mäntel

3 **b** Artikel, **c** Töpfe, **d** Geschenkideen, **e** Handtücher, **f** Digitalkameras

Seite 13 / Kasus

1 Hi Andy, na, wie geht's? Du, es gibt eine große Neuigkeit: Ich ziehe bei meinen Eltern aus! Ich habe jetzt endlich eine kleine Wohnung gefunden. Ich habe eine große Bitte: Am Wochenende möchte ich umziehen. Hast Du am Samstag Zeit? Könntest Du vielleicht helfen? Wir fangen so ab 9 Uhr an. Kemal und Robert kommen auch. Ich habe ja so viele Sachen! Aber das schwere Sofa habe ich schon meinem Bruder geschenkt ☺! Seiner Frau gefällt es so gut. Meinst Du, Du kannst mit Deinem VW-Bus kommen? Dann muss ich kein Auto mieten. Ruf doch kurz an oder schreib eine Mail. Hast Du eigentlich meine neue Telefonnummer? 0175/3999782. Tausend Dank und liebe Grüße
Bine

2 **b** Dativ: aus dem Urlaub, **c** Akkusativ: ohne meinen Hund, **d** Dativ: Nach einer Stunde, **e** Dativ: seit zwei Jahren, **f** Akkusativ: für meine Freundin, **g** Akkusativ: durch die ganze Stadt, **h** Akkusativ: um ihre Kinder, **i** Dativ: mit dem Fahrrad

3 **b** gefällt, Verb; **c** um, Präposition; **d** seit, Präposition; **e** trinke, Verb; **f** gehört, Verb; **g** Vater, Nomen; **h** mit, Präposition

Seite 15 / n-Deklination

1 *n*-**Deklination:** den Affen, den Beamten, den Deutschen, den Dozenten, den Gedanken, den Lieferanten, den Soldaten, den Studenten, den Theologen; **„normale" Deklination:** den Arbeiter, den Vogel, den Baum, den Beruf, den Mann, den Hund, den Kaffee, den Erfolg, den Japaner, den Tisch

2 Praktikant – Kollegen – Student – Namen – Direktor – Herr

3 **a** Herzen, **b** Präsidenten, **c** Fotografen, **d** Zeugen, **e** Frieden

Seite 16/17 / Indefiniter und definiter Artikel: Formen

1

	Nominativ	Akkusativ	Dativ
maskulin	der/ein	den/einen	dem/einem
neutral	das/ein	das/ein	dem/einem
feminin	die/eine	die/eine	der/einer
Plural	die/–	die/–	den/–

2 einen Sprachkurs – eine tolle Stadt – in die Schule – ein Mann – in ein Restaurant – einen Film – viel Spaß in der Schule

3 **b** Im Namen des Vaters, **c** Der Herr der Ringe, **d** Das Leben der Anderen, **e** Die Stadt der Blinden, **f** der König der Löwen

Seite 19 / Indefiniter, definiter Artikel und Nullartikel: Gebrauch

1 **a** Das, **b** ein – Das, **c** einen, **d** ein – ein – ein

2 **a** eine Ausbildung – Köln – Industriekaufmann – gutes Essen – Fisch – Sport – Leute – den Ferien, **b** Sabine – Sekretärin – Franzose – Deutsch und Französisch – ein Tanz

3 die – ein – / – / – Das – das – / – eine – / – dem

Seite 20/21 / Negativartikel *kein*

1 **b** eine – keinen, **c** ein – keinen, **d** ein – kein, **e** eine – keine, **f** / – keine, **g** kein

2 **b** Wie oft soll ich es noch sagen? Ich habe kein Geld dabei., **c** Keine Ahnung. Vielleicht drei?, **d** Oh nee, dazu habe ich jetzt keine Lust. Ich liege gerade in der Badewanne., **e** Nein danke, ich habe überhaupt keinen Hunger.

3 **a** keinen Rucksack – keinen Schirm – kein Paket – kein Eis – keinen Mantel – keine Zeitung – keinen Hund, **b** 3, **c** *Musterlösung:* Er hat einen Koffer, eine Kamera und ein Handy.

Seite 22/23: Possessivartikel: *mein, dein, ...*

1 **b** Und sein Fahrrad ist ja rosa. Lustig!, **c** Ich glaube, ihre Eltern sind in Urlaub., **d** Mach deine Musik leise., **e** Ihre Großmutter ist sehr krank., **f** Ich freue mich sehr auf euren Besuch., **g** Das ist unsere Katze. Haben Sie sie vielleicht gesehen?
Zettel: 2 du – dein, 3 er/es – sein, 4 sie (Sg.) – ihr, 5 wir – unser, 6 ihr – euer, 7 sie (Pl.) – ihre

2 **b** Ihr Mund – Sein Mund, **c** Ihre Haare – Seine Haare, **d** Ihre Nase – Seine Nase, **e** Ihr Fahrrad – Sein Fahrrad

3 **b** mein Bad, **c** mein neues Auto, **d** meine Hunde, **e** mein Nachbar, **f** meine Gäste

4 **a** seine, **b** meine – mein, **c** deinem, **d** Ihrer

Seite 25 / Weitere Artikelwörter

1 **a** Manche, **b** einigen, **c** dieser – jede, **d** dieses – jedes, **e** diesen – alle, **f** Diese

2 irgendeine – jedes – manchen – alle – einigen – jeden – Diese – irgendwelche

Lösungsschlüssel

Seite 27 / Personalpronomen: *er, ihn, ihm, ...*

1 **b** Ich – du, **c** Sie, **d** Sie, **e** Er, **f** ihr

2 **b** Ihr!, **c** euch – Euch!, **d** uns – Uns!, **e** dich – Dir!, **f** ihn – Ihm!, **g** Sie – Ihnen!, **h** sie – Ihnen!

3 **a** dir, **b** mir, **c** dir – sie, **d** ihm, **e** sie, **f** dir – dir, **g** Ihnen

4 A sie mir, B sie ihm, C ihn mir, D es mir

Seite 28/29 / Possessivpronomen: *meiner, deiner, ...*

1 **b** mein – Seins, **c** deinen – meinen, **d** Unsere – eure, **e** mein – Ihr(e)s, **f** meinen – ihren

2 **b** unsere, **c** ihrer, **d** eurer, **e** meiner

3 Meins – seins – eurem – Unsere – Ihrer

4 **a** eurem – unserem, **b** meinen, **c** ihre, **d** meiner, **e** Ihre

Seite 31 / Indefinitpronomen: *welche, viele, einige, ...*

1 eins – keins – eine – keine – welche

2 **b** irgendeinen, **c** Irgendeiner, **d** irgendeins, **e** irgendwelche, **f** irgendeine

3 Viele – Manche – jedem – alle – jeder – einige – wenige – Niemand – allen

Seite 32/33 / Demonstrativpronomen: *das, dieses*

1 **a** Die, **b** den, **c** Das, **d** Der

2

a	b	c	d	e	f
6	4	1	5	3	2

3 **a** Die – die, **b** diesem – Diesen – den – den, **c** denen – Die, **d** Das

Seite 34/35 / Deklination nach indefinitem Artikel

1 **b** süß, **c** alt, **d** lieb

2

	maskulin	neutral	feminin	Plural
Nominativ	ein wunderbarer Sommertag	ein lustiges Picknick	eine schöne Wanderung	ganz tolle Stunden
Akkusativ	einen gemischten Salat	ein frisches Brot	eine gute Flasche Rotwein	kühle Getränke
Dativ	an einem kleinen See	in einem netten Strandbad	auf einer großen Decke	mit guten Freunden

3 1 schön – neuen – letzten – leckeres, 2 schnell – speziellen – schöner – nettes – liebe

4 **b** saurer, **c** teures, **d** hohes

5 **a** guten, **b** kalter, **c** kleinen, **d** halben, **e** langen

Seite 36/37 / Deklination nach definitem Artikel

1	maskulin	neutral	feminin	Plural
	der neue Kindergarten	das italienische Schuhgeschäft	die alte Post	die zwei günstigen Gaststätten
	der nette Spielplatz	das kleine Rathaus	die hübsche Dorfkirche	die zwei guten Bäckereien

2 **b** den leckeren Geburtstagskuchen von Iris, **c** die schönen Ohrringe von Gaby, **d** den guten Wein von Robert, **e** das tolle Buch von Magdalena

3 **b** mit dem lustigen russischen Kollegen, **c** bei dieser bekannten Firma, **d** in diesem internationalen Team, **e** an den neuen PCs, **f** mit dem netten Chef

4 alten – großen – hohen – schöne – netten kleinen – kleine – neue – nette – ganze

5 B der alten Dame, C des schönen Schwimmbad(e)s, D des alten Jahr(e)s – des neuen Jahr(e)s, E der teilnehmenden Kinder

Seite 38/39 / Deklination nach dem Nullartikel

1	maskulin: –er	neutral: –es	feminin: –e	Plural: –e
	italienischer Rotwein cremiger französischer Weichkäse	frisches argentinisches Rindfleisch gesundes Bio-Olivenöl	gute deutsche Bio-Wurst frische gute Landmilch	schöne spanische Tomaten

2 **A Nach der Arbeit:** Schönes Wochenende – Schönen Feierabend, **B In einem Brief:** Herzliche Grüße – Schöne Grüße an Ihre Frau, **C An Feiertagen und Festen:** Fröhliche Weihnachten! – Frohe Ostern! – Schöne Feiertage! – Gutes neues Jahr! – Herzlichen Glückwunsch zum Geburtstag! – **D Bei Krankheit:** Gute Besserung, **E Vor einer Reise:** Guten Flug – Gute Reise – Schöne Ferien – Gute Fahrt – Hoffentlich habt ihr gutes Wetter! – Angenehmen Aufenthalt! – Schöne Zeit, **F Begrüßung und Abschied:** Guten Morgen – Guten Tag – Guten Abend – Gute Nacht

3 1 großem, 2 Renovierte – hohen – moderner – hellen, 3 warmem – gesundem

4 **a** zentraler – ruhiger, **b** netten – nächsten – kleines – sonniges, **c** Kleines – hübsches – großem – wildem, **d** Möbliertes – Großes – neuer – heller – freundlicher – kleine

Seite 41 / Steigerung und Vergleich

1 **b** schöner – am schönsten, **c** lieber – am liebsten, **d** besser – am besten, **e** sauberer – am saubersten, **f** größer – am größten, **g** praktischer – am praktischsten, **h** voller – am vollsten, **i** netter – am nettesten, **j** mehr – am meisten

2 **c** kleiner als, **d** länger als, **e** so viel wie, **f** saurer als, **g** mehr ... als, **h** lieber ... als, **i** so schön wie

3 **b** am schönsten, **c** am interessantesten, **d** am wenigsten

4 **b** teurere, **c** größeres, **d** intelligenteren

5 **b** netteste – schnellste – preiswerteste, **c** aktuellsten, **d** tollste – modernsten

Seite 42/43 / Partizip als Adjektiv

1 Partizip Präsens: **C** Spielende – **E** kommende, Partizip Perfekt: **B** Möbliertes – **D** reduzierten – **F** vereinbarten

2 **a** Die Zahl der Besucher steigt., **b** Das Schiff sinkt jetzt. – Das Schiff ist schon gesunken.

3 (2) schlafenden, (3) badende, (4) lesende, (5) spielende, (6) blühende

4 benutzte – vereinbarten – bestellte – unbezahlte – reservierten

Seite 45 / Adjektiv als Nomen

1 <u>b</u> Kleine, <u>c</u> Gute, <u>d</u> Glückliche, <u>e</u> Dumme

2 **A** Arbeitslose, **B** Verletzten, **C** Verwandte, **D** Jugendliche, **E** Deutsche

3 <u>b</u> Bekannter – Bekannte, <u>c</u> verwandter – verwandte, <u>d</u> Betrunkener – Betrunkene, <u>e</u> Fortgeschrittenen – Fortgeschrittene

Kapitel 5: Verben

Seite 47 / Gegenwart: Präsens

1 <u>b</u> sind, <u>c</u> studiere, <u>d</u> leben, <u>e</u> arbeitet, <u>f</u> hast, <u>g</u> spricht

2 <u>a</u> Bist – bin, <u>b</u> Hast – habe, <u>c</u> ist – ist, <u>d</u> Seid – sind, <u>e</u> Sind – bin, <u>f</u> Hat – hat, <u>g</u> haben – haben, <u>h</u> Ist – ist

3 <u>a</u> A: sehe, schlafe, B: nehme, C: esse, D: treffe, helfe

<u>b</u>

	ich	du	er/sie
sehen	sehe	siehst	sieht
schlafen	schlafe	schläfst	schläft
nehmen	nehme	nimmst	nimmt
essen	esse	isst	isst
treffen	treffe	triffst	trifft
helfen	helfe	hilfst	hilft

4 <u>b</u> Herr Zimmer liest Zeitung auf der Terrasse., <u>c</u> Rosalie schreibt einen Brief an ihre Tante., <u>d</u> Tim trifft seine Freunde in der Stadt., <u>e</u> Frau Zimmer trinkt eine Tasse Tee.

Seite 49 / Trennbare / nicht trennbare Verben

1 <u>a</u> trennbar: stehe ... auf, räume ... auf, hole ... ab, gehe ... weg, sehe ... fern / nicht trennbar: gefällt, besuche, verstehe, erklären, vergiss

<u>b</u>

trennbare Verben	nicht trennbare Verben	Infinitiv
	gefällt	gefallen
stehe ... auf		aufstehen
räume ... auf		aufräumen
	besuche	besuchen
hole ... ab		abholen
	verstehe	verstehen
	erklären	erklären
gehe ... weg		weggehen
sehe ... fern		fernsehen
	vergiss	vergessen

2 holt ... ab – kommt ... an – kauft ... ein – fängt ... an – Kommen ... mit – lade ... ein

3 <u>a</u> angerufen, <u>b</u> erklären – erklärt, <u>c</u> Fahrt ... weg – weggefahren, <u>d</u> beginnt – begonnen

4 <u>b</u> hin, <u>c</u> an, <u>d</u> her

Seite 51 / Vergangenheit: Perfekt (1)

1 <u>b</u> hast gehört, <u>c</u> hat gewartet, <u>d</u> haben gelacht, <u>e</u> habt getanzt, <u>f</u> haben gewohnt

2 <u>b</u> Hast du schon gefrühstückt?, <u>c</u> Hast du schon deinen Tee getrunken?, <u>d</u> Hast du schon Tante Lisa geschrieben?, <u>e</u> Hast du schon deine Hausaufgaben gemacht?

3 <u>a</u> – Früher habe ich mal sehr gut Spanisch *gesprochen*. Aber ich denke, heute spreche ich besser Englisch., <u>b</u> – Das musst du nicht. Den habe ich ihr gestern schon *gebracht*., <u>c</u> – Was? Die heiraten morgen? Nein, das haben wir nicht *gewusst*., <u>d</u> – Dieses Spiel? Du hast doch schon die ganze Zeit *gewonnen*.

4 <u>a</u> haben ... gemietet – haben ... gemacht – habe ... gewusst – haben ... gesehen – haben ... getroffen – haben ... gespielt – haben ... gesessen – habe ... gegessen – habe ... gelesen – habe ... gedacht

<u>b</u>

Infinitiv	Präsens	Perfekt	regelmäßig	unregelmäßig	Mischverb
mieten	er mietet	hat gemietet	X		
machen	er macht	hat gemacht	X		
wissen	er weiß	hat gewusst			X
sehen	er sieht	hat gesehen		X	
treffen	er trifft	hat getroffen		X	
spielen	er spielt	hat gespielt	X		
sitzen	er sitzt	hat gesessen		X	
essen	er isst	hat gegessen		X	
lesen	er liest	hat gelesen		X	
denken	er denkt	hat gedacht			X

Seite 53 / Vergangenheit: Perfekt (2)

1 <u>a</u> Wann bist du gestern Abend nach Hause gekommen? – Ich bin zu Fuß gegangen. Der Bus ist nicht mehr gefahren., <u>b</u> Warum ist Ralf so früh aus dem Urlaub zurückgekommen? – Er ist krank geworden und zurückgeflogen., <u>c</u> Seid ihr mit dem Auto nach Portugal gefahren? – Nein, wir sind geflogen.

2 sind ... geworden – hat ... eingeladen – sind ... gegangen – habe ... gesprochen – habe ... gegessen

3 hat ... gebracht – haben ... gekauft – sind ... eingestiegen – ist ... abgefahren – haben ... gefrühstückt – haben ... gespielt – gesehen – gelesen – haben ... geschlafen – sind ... angekommen – sind ... gegangen

Seite 55 / Vergangenheit: Perfekt (3)

1

		trennbar	nicht trennbar	Partizip Perfekt
<u>b</u>	bestehen		X	hat bestanden
<u>c</u>	umsteigen	X		ist umgestiegen
<u>d</u>	aufschreiben	X		hat aufgeschrieben
<u>e</u>	gehören		X	hat gehört
<u>f</u>	erreichen		X	hat erreicht
<u>g</u>	anfangen	X		hat angefangen
<u>h</u>	stattfinden	X		hat stattgefunden
<u>i</u>	verlieren		X	hat verloren
<u>j</u>	entschuldigen		X	hat entschuldigt

2 <u>b</u> eingekauft, <u>c</u> weggebracht, <u>d</u> ausgemacht, <u>e</u> angezogen, <u>f</u> verpasst

3 <u>b</u> mitgebracht, <u>c</u> angezogen, <u>d</u> eingefallen, <u>e</u> abgestellt

Seite 57 / Vergangenheit: Präteritum

1 (1) warst, (2) waren, (3) waren, (4) war, (5) War, (6) hattet, (7) war, (8) hatte, (9) waren, (10) war, (11) hatten, (12) hattest, (13) wart, (14) Hattet, (15) war

2 <u>a</u> waren – kauften – wollten – bestand – dachte – dauerte – fanden – war – entschieden

<u>b</u>

Infinitiv	regelmäßig	unregelmäßig	Mischverb
kündigen	er kündigte		
anfangen		er fing an	
sein		er war	
kaufen	er kaufte		
wollen	er wollte		
bestehen		er bestand	
denken			er dachte
dauern	er dauerte		
finden		er fand	
entscheiden		er entschied	

3 sieht fern – wird – beschließt – putzt – legt – macht ... aus – hört – hat – denkt – landet – schreit – bemerkt – ist
(2) sah fern, (3) wurde, (4) beschloss, (5) putzte, (6) legte, (7) machte ... aus, (8) hörte, (9) hatte, (10) dachte, (11) landete, (12) schrie, (13) bemerkte, (14) war

Seite 59 / Vergangenheit: Plusquamperfekt

1

		zuerst	danach
<u>b</u>	Anne musste zum Bankautomaten.		X
	Sie hatte ihr gesamtes Bargeld in der Stadt ausgegeben.	X	
<u>c</u>	Willi hatte den ganzen Tag nichts gegessen.	X	
	Er hatte abends großen Hunger.		X
<u>d</u>	Jens musste ein Taxi nehmen.		X
	Er hatte den letzten Bus verpasst.	X	

2 hatte ... gesehen – war ... gewesen – hatte ... unterhalten – zurückgekommen war – war ... gezogen – hatte ... funktioniert

3 <u>b</u> Sie hatte immer die Hausaufgaben gemacht., <u>c</u> Sie hatte mit ihrer Mutter Englisch geübt., <u>d</u> Sie hatte vor der Prüfung englische Musik gehört.

4 machte: Präteritum – hatte ... gesehen: Plusquamperfekt – kam: Präteritum – entdeckte: Präteritum – lief: Präteritum – öffneten: Präteritum – fanden: Präteritum – riefen: Präteritum – konnten: Präteritum – stellte sich heraus: Präteritum – war: Präteritum – gehabt hatte: Plusquamperfekt – ging verloren: Präteritum – wusste: Präteritum – gewesen war: Plusquamperfekt – bekam: Präteritum

5 <u>b</u> habe, <u>c</u> waren – hatten

Seite 60/61 / Zukunft: Präsens und Futur

1 Vorhersage: **E** / Vermutung: **A**: / Vorsatz: **D** / Versprechen: **B** / Aufforderung: **C**

2 <u>a</u> werde, <u>b</u> werden, <u>c</u> wird, <u>d</u> wird, <u>e</u> wirst

3 <u>b</u> wirst, <u>c</u> werde, <u>d</u> werde, <u>e</u> werden, <u>f</u> Wird

4 <u>a</u> Am Wochenende werden die Temperaturen bis auf 10 Grad sinken., <u>b</u> In ganz Deutschland wird es regnen., <u>c</u> Am Wochenanfang werden die Temperaturen wieder auf 18 bis 20 Grad steigen., <u>d</u> Die ganze Woche wird die Sonne scheinen.

5 <u>b</u> werden ... sein, <u>c</u> wird ... brauchen, <u>d</u> wird ... kommen

6 <u>b</u> Sie werden hier wegfahren!, <u>c</u> Du wirst jetzt endlich herkommen!, <u>d</u> Ihr werdet sofort die Musik leiser machen!

Seite 62/63 / Modalverben: *können*

1 <u>b</u> kann, <u>c</u> Können, <u>d</u> Könnt, <u>e</u> kann, <u>f</u> können

2 <u>b</u> Ich kann ein bisschen Deutsch., <u>c</u> Könnt ihr bitte leise sein?, <u>d</u> Kannst du mir bitte das Buch leihen?, <u>e</u> Wir können euch mitnehmen., <u>f</u> Sie kann nicht lesen., <u>g</u> Können wir jetzt gehen?

3 <u>a</u> Kannst, <u>b</u> kann, <u>c</u> kann, <u>d</u> können

4 <u>b</u> Könntest du mir bitte mal das Salz geben?, <u>c</u> Könnte ich bitte noch ein Stück Kuchen haben?, <u>d</u> Paul, Anna, könntet ihr bitte mal kommen?

5 <u>a</u> 1 – Hier ist überall Rauchverbot., 3 – Hast du mal in den USA gelebt?, 4 – Mein Arm ist gebrochen.

<u>b</u>	Möglichkeit	Fähigkeit	Erlaubnis/Verbot	Bitte
	Satz 4	Satz 3	Satz 1	Satz 2

6 <u>a</u> konnte – konnten, <u>b</u> Konntest – konnte

Seite 65 / Modalverben: *wollen/möchten*

1 **a** möchte, **b** Willst, **c** Möchtest, **d** Wollt, **e** will, **f** möchten

2 **b** Wir wollen im Sommer nach Italien., **c** Er will im Urlaub immer nur Sport machen., **d** Möchtet ihr am Wochenende einen Ausflug mit uns machen? (oder: ... mit uns einen Ausflug machen?), **e** Meine Freundin möchte abends nie weggehen., **f** Möchten Sie nächste Woche zu uns zum Essen kommen? (oder: ... zum Essen zu uns kommen?)

3 **b** wollte, **c** wollten, **d** Wolltest, **e** wolltet – wollten

4 1 **b** Wunsch, **c** Plan,
    2 **a** Höflichkeit, **b** Wunsch, **c** Höflichkeit

Seite 67 / Modalverben: *müssen* und *dürfen*

1 (1) darf, (2) musst, (3) muss, (4) darf, (5) musst, (6) muss, (7) muss

2 **b** müssen ... mitnehmen, **c** dürfen ... telefonieren, **d** darf ... trinken

3 **a** durften, **b** durfte, **c** musste, **d** mussten, **e** durftet

4 **a** müsste, **b** musste – durften, **c** müsste – musste – dürfte

5 A Sie möchten abnehmen? Bei uns brauchen Sie keine langweilige Diät zu machen. Sie brauchen auch keinen Sport zu machen. Aber: Sie müssen uns vertrauen!, B Agentur Filmwelt sucht DICH. Du hast Lust, bei einem Film in Berlin mitzumachen? Du brauchst kein Schauspieler zu sein und du brauchst auch keine Filmerfahrung zu haben. Du brauchst uns nur eine kurze Mail mit deinem Foto zu senden.

Seite 68/69 / Modalverben: *sollen*

1 **b** sollen, **c** sollen, **d** Sollen, **e** sollt, **f** sollen, **g** Soll

2 **b** Alle Eltern sollen mit den Kindern mehr üben., **c** Wir sollen ihn nicht zu spät ins Bett schicken., **d** Er soll seine Hausaufgaben allein machen., **e** Es soll aber auch noch Zeit für die Freunde bleiben., **f** Max soll auch Zeit zum Spielen haben.

3 2 Sie sollten sich auf das Gespräch und mögliche Fragen vorbereiten., 3 Sie sollten sich vorher über die Firma informieren., 4 Sie sollten saubere und gepflegte Kleidung anziehen., 5 Sie sollten im Vorstellungsgespräch nicht zu schnell sprechen., 6 Sie sollten in jedem Fall natürlich und Sie selbst bleiben.

4 **b** solltest, **c** solltet, **d** sollte

Seite 71 / Passiv

1 **b** Passiv, **c** Aktiv, **d** Passiv, **e** Passiv

2 **a** werden ... begonnen – wird ... verteilt – wird ... notiert – werden ... diskutiert
   b ... Dann besprechen wir die Arbeit für diese Woche. Welche neuen Projekte beginnen in dieser Woche? Wie verteilen wir die Arbeit? Wer macht was und wann? Ein Kollege notiert das dann alles. Am Schluss diskutieren wir noch offene Fragen und Probleme.

3 **b** In welcher deutschen Stadt wird jedes Jahr das Oktoberfest gefeiert?, **c** Wie wird das Oktoberfest noch genannt?, **d** Welche Sprachen werden in der Schweiz gesprochen?, **e** In welcher österreichischen Stadt werden die leckeren Mozartkugeln produziert?, **f** Wo werden die Kuckucksuhren bereits seit vielen hundert Jahren hergestellt?

4 wurde ... gemacht – wurden ... gestrichen – wurde ... verlegt – wurde ... abgestellt

Seite 72/73 / Passiv mit Modalverben

4 **a** 2 darf ... getrocknet werden, 3 muss ... gelegt und ... gezogen werden, 4 darf ... gebügelt werden, 5 müssen ... behandelt werden

b 2 Man darf ihn auf keinen Fall im Trockner trocknen., 3 Zum Trocknen muss man ihn flach auf ein Handtuch legen und vorsichtig in Form ziehen., 4 Nach dem Trocknen darf man den Cashmo-Pullover nur auf niedrigster Stufe bügeln., 5 Flecken muss man schnell mit kaltem Wasser behandeln.

2 **b** Der Schlüssel muss zu den Nachbarn gebracht werden., **c** Die Blumen müssen noch einmal gegossen werden., **d** Die Medikamente können aus der Apotheke geholt werden., **e** Die Ausweise dürfen nicht vergessen werden.

3 B Hier darf geraucht werden., C Hier muss langsam gefahren werden., D Bei Verlassen des Büros müssen die Kaffeemaschinen ausgeschaltet werden., E Hier darf nicht getrunken und gegessen werden.

4 **b** Natürlich durften keine Fahrräder oder Autos im Zentrum abgestellt werden., **c** Öffentliche Mülleimer und private Briefkästen mussten abgebaut werden., **d** Im Stadtzentrum konnten private Wohnungen zum Teil nur mit Polizeibegleitung verlassen werden., **e** Während des Besuchs durften im Stadtzentrum keine Fenster und Türen geöffnet werden.

Seite 75 / *lassen*

1 **b** Er lässt sein Bett machen., **c** Er lässt sein Zimmer aufräumen., **d** Er lässt für sich kochen.

2 **b** Die Mutter lässt Rosa heute Abend ihre Stiefel nicht anziehen., **c** Anja lässt Sabine mal mit ihrem Fahrrad fahren.

3 **b** Unsere Kinder dürfen nur am Wochenende fernsehen., **c** Das Buch „Maria, ihm schmeckt's nicht" kann man ganz leicht lesen., **d** Ich darf in den Ferien mit meinen Freunden wegfahren.

4 **b** Oliver hat sich die Nase operieren lassen., **c** Unser Nachbar hat sich die Haare färben lassen., **d** Mein Sohn hat sich von einem Freund das Autofahren zeigen lassen.

5 **b** gelassen, **c** lassen, **d** lassen

6 **a** ließ, **b** ließen, **c** ließ, **d** ließ

Seite 77 / *werden*

1 **b** wird ... Friseurin, **c** werden ... alt, **d** werdet ... glücklich, **e** werden ... gesund, **f** wird ... Bürgermeister

2 **b** Ihr wurdet von einem Nachbarn gesehen., **c** Er wurde letzte Woche operiert., **d** Ja, sie wurden heute Morgen abgeholt.

3 richtig ist: **a** geworden, **b** geworden – worden, **c** worden, **d** geworden – worden, **e** geworden

4 **b** wird ... fortsetzen: Futur, **c** werden ... angeboten: Passiv, **d** werden ... vorgestellt: Passiv, **e** wurde ... eröffnet: Passiv

Seite 78/79 / Konjunktiv II: Wünsche, Bitten, Ratschläge, Vorschläge

1 **b** würden, **c** Könntet, **d** Könnte, **e** Könnte, **f** Würdest

2 besonders höflich: **b**, **d**, **f**

3 **a** wäre, **b** hätte, **c** würde, **d** würde, **e** hätte

4 wäre – könntest ... informieren – könntest ... vereinbaren – hättest – solltest ... gehen

5 Könntet/Würdet – wäre – würdest/könntest – würdest/könntest – solltest – könnten – Hättet

Seite 81 / Konjunktiv II: Irreale Wünsche, Bedingungen, Vergleiche

1 <u>b</u> hätte – würde, <u>c</u> wäre, <u>d</u> Hätten, <u>e</u> hättet – würdet, <u>f</u> wäre – wär(e)st

2 <u>a</u> hätte, <u>b</u> gekommen wäre, <u>c</u> geschlafen hätte, <u>d</u> wäre ... passiert, <u>e</u> Hätte ... angezogen

3 <u>b</u> Wenn ihr zu Hause gewesen wär(e)t, hätte ich euch besucht. Irreale Bedingung, <u>c</u> Rita sieht aus, als ob sie 18 wäre. Irrealer Vergleich, <u>d</u> Wenn er nicht auf die Party gegangen wäre, hätte er Sabine nicht kennengelernt. Irreale Bedingung

4 <u>a</u> ... Dann hätte er nicht zwei Millionen Euro gewonnen. Er wäre nicht mit seiner Frau nach Südfrankreich gezogen und hätte kein altes Schloss auf dem Land gekauft. Dort hätte er kein Luxus-Restaurant eröffnet., <u>b</u> Wenn die junge Frau vor ihrem Haus keine Autopanne gehabt hätte, hätte ein netter Mann aus dem Büro gegenüber ihr nicht geholfen. Die Frau hätte den Mann nicht zum Kaffeetrinken eingeladen. An dem Tag hätten sie sich nicht ineinander verliebt. Sechs Monate später hätten sie nicht geheiratet und sie wären nicht das ganze Leben zusammen glücklich gewesen.

Seite 82/83 / Imperativ

1 <u>a</u> mach – Iss – bring – Sei – steht ... auf – macht – bringen – rufen ... an – seid – vergiss – ruf ... an

<u>b</u>

Infinitiv	du	ihr	Sie
zuhören	hör zu	hört zu	hören Sie zu
aufstehen	steh auf	steht auf	stehen Sie auf
machen	mach	macht	machen Sie
essen	iss	esst	essen Sie
bringen	bring	bringt	bringen Sie
sein	sei	seid	seien Sie
anrufen	ruf an	ruft an	rufen Sie an
vergessen	vergiss	vergesst	vergessen Sie

2 (2) Lachen Sie jeden Tag., (3) Essen Sie viel Obst und Gemüse., (4) Schlafen Sie genug., (5) Suchen Sie ein Hobby., (6) Machen Sie ein bisschen Sport.

3 <u>b</u> Sagt, <u>c</u> zieh ... an, <u>d</u> esst, <u>e</u> fahr

4 denk – Vergiss – triff – Arbeite – nimm – komm – Schreib

Seite 85 / Verben mit Ergänzung: Nominativ und Akkusativ

1 <u>a</u> Das ist <u>meine Tochter</u>. <u>Sie</u> ist 36 Jahre alt. <u>Sie</u> heißt <u>Marion</u>. <u>Sie</u> ist verheiratet und hat zwei <u>Kinder</u>. <u>Ich</u> sehe <u>meine Tochter</u> leider nicht so oft. <u>Sie</u> wohnt in Berlin und hat <u>einen interessanten Job</u>. Aber bald besuche <u>ich sie</u>., <u>b</u> Und hier siehst <u>du meinen Schwiegersohn</u> Marco. <u>Er</u> ist <u>Pilot</u>. <u>Marion</u> und <u>er</u> bauen zurzeit <u>ein Haus</u>. <u>Es</u> ist bald fertig und wird sicher sehr schön.,
<u>c</u> Und das sind <u>ihre Kinder</u>. <u>Lena</u> ist 7 Jahre alt und <u>Lukas</u> ist 9. <u>Sie</u> haben <u>einen Hund</u> und <u>einen Vogel</u>. <u>Die beiden</u> bekommen oft <u>Besuch</u>. <u>Lena</u> liest sehr gern <u>Comics</u> und <u>Lukas</u> macht viel <u>Sport</u>. Warte, und hier habe <u>ich</u> noch <u>Bilder</u> von Berti. Das ist <u>mein Sohn</u> ...

	wer/was?	wen/was?
b	Wir	–
c	Wir	einen Italienischkurs
d	Florenz / tolle Stadt	–
e	Wir	sie
f	wir	Italienisch
g	Unser Lehrer / Flavio	–
h	Meine Freundin	ihn
i	wir	die Stadt
j	wir	italienische Spezialitäten
k	das italienische Essen	–

Seite 87 / Verben mit Ergänzung: Dativ

1 **b** Der Sekretärin., **c** Dem Mädchen., **d** Den Kindern.

2 **b** Mir., **c** euch, **d** ihr, **e** dir, **f** ihnen

3 **b** Wem *gehört* dieser Stift?, **c** Mir *passt* dieser Rock gar nicht., **d** Hm, der Kuchen *schmeckt* mir so gut., **e** Wir müssen ihr noch *gratulieren*.

4 **a** mich, **b** ihm, **c** ihm, **d** dir, **e** mich, **f** ihn

5 **b** Ich bin gestern meiner ersten Liebe zufällig in der Stadt begegnet., **c** Meinem Vater fallen immer gute Ideen ein., **d** Ich höre meiner Tochter beim Klavierspielen gern zu., **e** Was soll ich bloß meinem Vater raten? (oder: Was soll ich meinem Vater bloß raten?)

Seite 88/89 / Verben mit Ergänzung: Akkusativ und Dativ

1 2 Die Sekretärin bringt <u>dem Chef</u> <u>einen Kaffee</u>: D, 3 Der Chef zeigt <u>die Mitarbeiter</u>: A, 4 Die Sekretärin bringt <u>den Chef</u>: D

2 **b** Er empfiehlt dem Paar einen Wein., **c** Eine Kellnerin serviert den Leuten das Essen., **d** Sie bringt der Frau einen Salat und dem Mann ein Steak., **e** Der Gast gibt der Kellnerin ein Trinkgeld.

3

	Wer?	Wem?	Was?
holen	ein Kellner	den Gästen	die Speisekarte
empfehlen	er	dem Paar	einen Wein
servieren	eine Kellnerin	den Leuten	das Essen
bringen	sie	der Frau / dem Mann	einen Salat / ein Steak
geben	der Gast	der Kellnerin	ein Trinkgeld

4 1 **b** Wir schenken (A) ihn (D) den Kindern., **c** Wir schenken (D) ihnen (A) den Computer., **d** Wir schenken (A) ihn (D) ihnen.

    2 **a** Geben Sie (D) der Arzthelferin bitte (A) Ihre Versicherungskarte., **b** Geben Sie (A) sie bitte (D) der Arzthelferin., **c** Geben Sie (D) ihr bitte (A) Ihre Versicherungskarte., **d** Geben Sie (A) sie (D) ihr bitte.

5 **b** es Ihnen, **c** es ihm, **d** sie euch – sie uns

Seite 91 / Verben mit Ergänzung: Präpositionen

1 (2) bei, (3) um, (4) mit, (5) mit

2 <u>a</u> dafür, <u>b</u> an sie, <u>c</u> darauf, <u>d</u> mit ihr, <u>e</u> an ihn

3 <u>c</u> Worauf, d Auf wen, <u>e</u> Um wen, <u>f</u> Worum

4 <u>b</u> Denkst du bitte daran, Milch zu kaufen?, <u>c</u> Erinnert ihr mich bitte daran, die Briefe zur Post zu bringen?, <u>d</u> Sie hat sich immer noch nicht davon erholt, letzten Monat so viel gearbeitet zu haben.

Seite 93 / Reflexive Verben

1 B Sie putzt sich die Zähne., C Sie zieht sich an., D Sie zieht die Puppe an.

2 <u>a</u> mich, <u>b</u> euch – uns, <u>c</u> dich – uns, <u>d</u> sich – sich, <u>e</u> sich

3 (2) sich kennen, (3) sich anlächeln, (4) sich unterhalten, (5) sich verabreden, (6) sich verstehen, (7) sich verabschieden, (8) sich treffen, (9) sich verlieben, (10) sich streiten, (11) sich trennen, (12) sich begegnen

4 <u>a</u> dir, <u>b</u> dir – mich, <u>c</u> sich – ihr

Seite 95 / Verben und Ausdrücke mit *es*

1 Es geht ihm nicht gut: D, Heute gibt es Wiener Schnitzel: E, Es ist Herbst: A, Es ist 11 Uhr: B, Es regnet: C

2 <u>b</u> <u>Weißt du, wann Juliane kommt?</u>, <u>c</u> <u>Räum jetzt endlich dein Zimmer auf.</u>, <u>d</u> <u>Das Telefon</u> klingelt.

3 <u>b</u> hat es ... geschneit, <u>c</u> wird es Frühling, <u>d</u> Hat es ... Spaß gemacht, <u>e</u> tut es ... weh

4 <u>b</u> es, <u>c</u> Es, <u>d</u> es – /, <u>e</u> / – Es, <u>f</u> Es, <u>g</u> es, <u>h</u> es – es

Kapitel 6: Präpositionen

Seite 97 / Zeit

1 am Mittag, Sonntag, Wochenende, Freitagvormittag, Abend / um zehn Uhr, Viertel nach drei, acht Uhr morgens, halb eins, sieben Uhr abends

2 von ... bis – Am – am – am – um – in

3 <u>a</u> Vor drei Jahren., <u>b</u> Seit zwei Monaten., <u>c</u> Über zwei Monate., <u>d</u> In zwei Monaten.

4 seit – Seit – Seit – vor

5 A vom ... an – von ... bis, B ab

6 <u>a</u> außerhalb, <u>b</u> während, <u>c</u> innerhalb

Seite 99 / Ort

1 A zwischen, B vor, C auf, D unter, E neben, F an – über, G hinter, H in

2 (2) im, (3) auf den, (4) Auf dem, (5) in seinem, (6) in die, (7) In der, (8) auf der/einer, (9) ins, (10) ins

3 1   <u>b</u> legen, <u>c</u> hängt, <u>d</u> setzen
    2   <u>a</u> stehen, <u>b</u> liegt, <u>c</u> hängen, <u>d</u> sitzen

4 <u>b</u> steht, <u>c</u> sitzt, <u>d</u> setze

Seite 101 / weitere lokale Präpositionen

1   **1**   **b** Svetlana kommt aus Russland., **c** Amir kommt aus dem Iran., **d** Sascha kommt aus der Ukraine., **e** Adriana kommt aus Brasilien.

   2   **b** nach, **c** in den, **d** in die, **e** nach

2   **a**   Aus der Schule.   In der Schule.   In die Schule.

   b   Von zu Hause.   Zu Hause.   Nach Hause.

   c   Aus Stuttgart.   In Stuttgart.   Nach Stuttgart.

   d   Von meiner Freundin.   Bei meiner Freundin.   Zu meiner Freundin.

   e   Aus dem Büro.   Im Büro.   Ins Büro.

   f   Aus Spanien.   In Spanien.   Nach Spanien.

   g   Aus den Niederlanden. In den Niederlanden.   In die Niederlande.

3   (1) gegenüber, (2) durch, (3) entlang, (4) an ... vorbei, (5) um ... herum, (6) innerhalb

Seite 102/103 / Modale und kausale Präpositionen: *mit, ohne, für, ...*

1   **a** mit – ohne, **b** Ohne, **c** mit – ohne, **d** mit – Ohne

2   für – von – zu – ohne – mit

3   **b** Von Gundel habe ich eine bunte Kette *aus* Holz bekommen., **c** Ich habe das Buch *von* Miriam bekommen., **d** Von meinem Freund wollte ich lieber Blumen *statt* einer CD., **e** *Zu* meiner großen Freude ist Helga aus den USA auch gekommen., **f** *Für* mich war das ein sehr schöner Geburtstag.

4   A Trotz, B Wegen, C anstatt

Kapitel 7: Adverbien und Partikeln

Seite 105 / Temporaladverbien

1   **a**   Montags – mittags – abends – Samstags – mittags – Nachmittags

   b   Heute – meistens – früh – mittags – abends – immer – Oft

2   dann – Dann – Vorgestern – Vorher – Gestern – Morgen – Übermorgen – Vorher

Seite 107 / Lokal- und Direktionaladverbien

1   **b** wohin?, **c** wo?, **d** wo?, **e** wohin?, **f** wo?, **g** woher?

2   1: **2** Frau Sterner – **3** Toilette – **4** Frau Mai, Empfang – **5** Frau Stippel und Herr Hager – **6** – Teeküche – **7** Frau Guhl – **8** Kantine – **9** Herr Baur
   2: **a** hinauf – nach draußen – drinnen, **b** unten – nach rechts, **c** nach oben

3   überall – nirgendwo – irgendwo – überallhin – Irgendwohin

Seite 108/109 / Gradpartikeln

1   **b** echt, **c** gar nicht, **d** überhaupt nicht, **e** total, **f** nicht besonders, **g** Besonders

2   total – besonders – überhaupt nicht – sehr – nicht besonders – gar nicht – ziemlich – wirklich

3   **a** überhaupt nicht – ziemlich – total – nicht so / **b** besonders – nicht besonders – ziemlich – gar nicht

4   **a** – Schön. Mir hat es ziemlich gut gefallen., **b** – Nein, nicht besonders spannend. Sogar ziemlich langweilig., **c** – Ja, ich hatte total viel Spaß., **d** – Nein, eigentlich war er gar nicht lustig., **e** – Nein. Sie waren überhaupt nicht gut., **g** – Na, dass meine neue Freundin Julia dabei war!

Seite 111 / Modalpartikeln

1 **b** Räum mal dein Zimmer auf!, **c** Bring mal den Müll zur Mülltonne!, **d** Stell mal die Gläser in den Schrank!, **e** Ruf mal Tante Ruth an!, **f** Geh mal zum Briefkasten!

2 doch – mal – doch – doch – ja – doch

3 eigentlich – denn – denn – aber – eigentlich – denn – denn – eigentlich

4 denn – ja – aber – eigentlich – doch – doch – eben

Kapitel 8: Zahlwörter

Seite 113

1 zwölf – vierzehn – neununddreißig – dreiundvierzig – acht – fünf – einundsiebzig – siebenundsechzig – zweihundertachtundsechzig – neun (9)

2 zwölfte siebte – dreizehnte – einundzwanzigsten – zweite – dritten achten – erster

3 erste – dritte – ersten – siebzehn – vier – achtzehntem – zwei – zweiter – fünf – einen – dritter – zweihundertachtundfünfzig – fünfundzwanzig – fünfzehntausend

4 (b) ein halbes, (c) ein Viertel, (d) einen halben, (e) ein Sechstel, (f) ein Zehntel, (g) ein Drittel, (h) zwei Drittel

Kapitel 9: Negation: *nicht, kein ...*

Seite 115

1 **b** Übermorgen habe ich keine Zeit., **c** Am Sonntag habe ich keinen Termin., **d** Am Samstag trifft Timur nicht seinen Bruder., **e** Wir trinken keinen Kaffee zusammen., **f** Am Montag kommt kein Krimi im Fernsehen., **g** Am Sonntag gehen wir nicht gern ins Kino.

2 **b** aber sie hat keine Kinder., **c** aber sie hat keinen Hund., **d** aber sie wohnt nicht am Meer., **e** aber sie hat kein Geld., **f** aber sie ist nicht glücklich.

3 **a** 2 mein, 3 Stefan
   b 1 – Seine Freundin hat angerufen., 2 – Er hat meinen besten Freund angerufen., 3 – Er hat schon gestern angerufen., 4 – Sonst ruft er jeden Tag an.

4 Nein, da ist niemand in der Wohnung. – Nein, da ist keiner! – Nein, nirgendwo/nirgends sind Diebe und Verbrecher! – Nein, man wird uns nichts stehlen! – Nein, hier ist sicher kein Dieb! – Angst? Ich? Ich habe nie Angst!

Kapitel 10: Sätze und Satzverbindungen

Seite 117 / Hauptsatz: Verbposition

1 ... Ich bin 23 Jahre alt. Meine Heimatstadt ist Kiew. Im Oktober beginnt mein Studium. Ich bin erst seit 3 Wochen in Köln. Ich kenne noch nicht viele Leute hier. Bist Du auch neu in der Stadt? Möchtest Du mit mir die Stadt kennenlernen? Ich fahre gern Fahrrad und ich gehe gern ins Museum und ins Kino. Was sind Deine Hobbys? Schreib mir eine E-Mail: kiewinkoeln@yahoo.com. Ich freue mich auf Deine Antwort.

2 (2) Ich esse sehr viel Obst und Gemüse., (3) Nur einmal pro Woche esse ich Fleisch., (4) Dreimal pro Woche mache ich Sport., (5) Trotzdem esse ich gern Kuchen und Schokolade., (6) Natürlich trinke ich keinen Alkohol.

Seite 118/119 / Hauptsatz: Satzklammer

1 **a** HeutefangenendlichdieFerienan/wirhabengesternschondieKoffergepackt/
frühamMorgenstehenwirauf/wirmöchtenfrühaufderAutobahnsein/
umsechsUhrsteigenwirinsAutoein/derUrlaubkannbeginnen/
hoffentlichhabenwirnichtsvergessen

b

	Position 2		Ende
Heute	fangen	endlich die Ferien	an.
Wir	haben	gestern schon die Koffer	gepackt.
Früh am Morgen	stehen	wir	auf.
Wir	möchten	früh auf der Autobahn	sein.
Um sechs Uhr	steigen	wir ins Auto	ein.
Der Urlaub	kann		beginnen.
Hoffentlich	haben	wir nichts	vergessen.

2 falsch: **b** Sie bringt noch eine Freundin aus Griechenland mit., **d** Kannst du bitte noch Getränke kaufen?, **e** Ich räume dafür die Wohnung auf.

3 Aber er hat sich schon sehr gut davon erholt. – Darf er im Krankenhaus besucht werden? – Aber du musst dich beeilen. Er wird in zwei Tagen aus dem Krankenhaus entlassen. – Selbst die Ärzte hatten mit mindestens 10 Tagen Krankenhausaufenthalt gerechnet. – Aber jetzt kommt er schon nach 4 Tagen raus.

Seite 121 / Fragesätze

1 **b** Woher, **c** Wann, **d** Wie lange, **e** Was, **f** Wo, **g** Welche, **h** wie

2 **a** Wie heißt du?, **b** Woher kommst du?, **c** Wo wohnst du?, **d** Was machst du beruflich?, **e** Was sprichst du?

3 **b** Kommst du mit ins Kino? – Nein., **c** Gehst du nicht gern ins Kino? – Doch., **d** Gehst du mit mir Chinesisch essen? – Nein., **e** Isst du nicht gern Chinesisch? – Doch., **f** Warum gehst du dann nicht mit mir essen?

4 **a** Können Sie mir sagen, wo die Zeitung ist?, **b** Wissen Sie, wann die Kunden am Flughafen ankommen?, **c** Sagen Sie mir bitte, um wie viel Uhr ich heute meinen Zahnarzttermin habe?, **d** Erinnern Sie sich daran, ob ich meinen Schlüssel auf den Tisch gelegt habe?, **e** Haben Sie gesehen, wohin ich mein Handy gelegt habe?

Seite 122/123 / Hauptsatz + Hauptsatz: Konjunktionen *und, oder, aber, denn*

1 **b** Ich möchte am liebsten ins Kino, aber leider läuft kein guter Film. **c** Im Kino kaufe ich mir immer Popcorn und dazu trinke ich eine Cola. **d** Dann können wir doch bei Axel einen Film ansehen, denn er hat eine große DVD-Sammlung und eine Popcornmaschine.

2 A und, B aber, C denn, D oder

3 und – oder – aber – oder – aber – denn – oder

4 **b** Ich besuche Freunde oder (ich) mache einen Ausflug., **c** Ich bin gern in der Stadt, aber noch lieber fahre ich aufs Land., **d** Ich fahre viel mit dem Fahrrad, denn das ist sehr gesund.

Lösungsschlüssel

Seite 124 / 125 / Verbindungsadverbien: *darum, deswegen, daher, ...*

1 **b** Nimm den Regenschirm mit, sonst wirst du ganz nass., **c** Zieh dich warm an, sonst erkältest du dich., **d** Komm nicht so spät nach Hause, sonst mache ich mir Sorgen.

2

a	b	c	d
4	3	1	2

3 **b** Gerhard verdient viel, trotzdem lebt er in einer kleinen Wohnung und hat kein Auto., **c** Frau Hufnagl spricht fünf Sprachen, trotzdem macht sie nie Urlaub im Ausland.

4 **b** deshalb, **c** trotzdem, **d** deshalb, **e** trotzdem

5 deshalb – Deshalb – trotzdem – sonst

Seite 127 / Hauptsatz + Nebensatz: *dass-Satz*

1 **a** dass die Hansens sich trennen, **b** dass Jette schwanger ist, **c** dass Gregor eine neue Freundin hat, **d** dass Kai seinen Job verloren hat, **e** Ich weiß nur, dass man dir nichts erzählen kann.

2

b	Bernhard Adler verspricht,	dass	die Menschen weniger Steuern zahlen	müssen.
c	Jochen Schmidt verspricht,	dass	es mit ihm weniger Arbeitslose	gibt.
d	Brigitte Brunner verspricht,	dass	sie die Natur	schützt.

3 **b** Ich finde es interessant, dass die Firma in einer anderen Stadt ist., **c** Meine Freundin versteht gar nicht, dass ich diese Stelle angenommen habe., **d** Aber ich bin mir sicher, dass ich das Richtige tue.

4 **c** /, **d** Ich bin so froh, dich zu treffen., **e** Ich finde es sehr schade, so weit weg zu wohnen., **f** /

Seite 129 / Infinitivsätze: Infinitiv mit *zu*

1 **b** Es ist traurig, einen Freund zu verlieren., **c** Ich finde es lustig, im Winter einen Schneemann zu bauen., **d** Es ist interessant, kreative Menschen aus anderen Ländern kennenzulernen., **e** Ich finde es langweilig, nur fernzusehen.

2 **b** Deshalb habe ich gestern beschlossen, zu meiner besten Freundin Linda nach London zu fliegen., **c** Ich hoffe, einen günstigen Flug zu bekommen., d Mein Freund hat leider nicht genug Zeit mitzukommen., **e** Aber er hat mir versprochen, mich zum Flughafen zu bringen und wieder abzuholen., **f** Ich freue mich schon sehr darauf, Linda bald wiederzusehen.

3 **b** Ich empfehle Ihnen, nicht so viel Kaffee zu trinken., **c** Versuchen Sie, gesund zu essen., d Ich schlage Ihnen vor, mal Urlaub zu machen., **e** Fangen Sie bald an, Sport zu treiben., **f** Vergessen Sie nicht, Vitamine zu nehmen.

4 Sie *zu* verbinden – den Apparat / kommen – zurück*zu*rufen – Ihren Namen *zu* sagen – an/rufen

Seite 131 / Hauptsatz + Nebensatz: *wenn, als, seit, ...*

1 **b** essen wir ganz oft Pizza., **c** wenn sie uns besucht., **d** schläft mein Freund ein., **e** wenn du nervös bist.

2 **b** Als meine kleine Schwester auf die Welt gekommen ist, war ich sehr stolz., **c** Als mein Bruder sein erstes Gehalt bekommen hat, hat er sich einen alten VW-Käfer gekauft., **d** Als ich 18 geworden bin, habe ich mich sehr erwachsen gefühlt.

3 wenn – als – wenn – Wenn – Als – als

4 **b** bis, **c** Während, **d** Nachdem, **e** Seitdem – Bevor

Seite 133 / Hauptsatz + Nebensatz: *weil, da; obwohl*

1 **b** ... weil es draußen sehr kalt ist., **c** ... weil sein Auto kaputt ist., **d** ... weil mein Mann Geburtstag hat., **e** ... weil sie Kopfschmerzen hat., **f** ... weil er mehrere Fremdsprachen spricht.

2 **b** ... obwohl er nur wenig Geld hat., **c** ... obwohl der Arzt es ihr verboten hat., **d** ... obwohl sie Fieber hat.

3 **b** weil, **c** obwohl, **d** obwohl, **e** obwohl, **f** weil

4 **b** Weil meine Eltern seit zwei Jahren in Südfrankreich leben, sprechen sie sehr gut Französisch., **c** Obwohl Saskia sich im Urlaub ein Auto gemietet hat, ist sie immer nur im Hotel geblieben., **d** Weil Lucia sich sehr für Kunst und Kultur interessiert, macht sie oft Städtereisen., **e** Obwohl es im Urlaub oft geregnet hat, hatten wir eine tolle Zeit.

Seite 135 / Hauptsatz + Nebensatz: *damit, um ... zu*

1 **b** Petra lernt Chinesisch, um bessere Chancen im Beruf zu haben., **c** Noah kocht ein Drei-Gänge-Menü, um seine Freundin zu beeindrucken., **d** Viktoria schreibt einen Brief an ihre Tante, um ihr zum Geburtstag zu gratulieren.

2 **a** Trinken Sie täglich zwei Liter Wasser, damit Giftstoffe aus Ihrem Körper gespült werden., **b** Essen Sie fünfmal am Tag Obst und Gemüse, damit Ihr Körper alle wichtigen Vitamine und Mineralstoffe bekommt., **c** Gehen Sie mindestens einmal pro Woche vor 22 Uhr ins Bett, damit Ihr Körper sich richtig erholen kann., **d** Gehen Sie abends noch einmal spazieren oder nehmen Sie ein heißes Bad, damit Sie besser schlafen können.

3 um – damit – um – um – damit – um

4 **1** **b** um nicht zu spät zu kommen., **c** damit Sabine ihr Gepäck nicht allein tragen muss., **d** damit Sabine kein Taxi nehmen muss.
　　2 **a** um nächstes Jahr das Abitur zu machen., **b** damit ihre Berufschancen besser werden., **c** um später mehr Geld zu verdienen., **d** damit ihr Leben interessanter wird.

Seite 136/137 / Hauptsatz + Nebensatz: *falls, wenn*

1 **b** wenn ich die Prüfung bestehe., **c** wenn ich Urlaub habe., **d** wenn die Sonne scheint.

2 **b** Wenn Sie Schnupfen haben, spülen Sie Ihre Nase vorsichtig mit Salzwasser., **c** Wenn Sie Kopfschmerzen haben, trinken Sie einen Espresso mit ein wenig Zitronensaft., **d** Wenn Sie sich nicht gut fühlen, sollten Sie auf jeden Fall im Bett bleiben.

3 **b** wenn ich sie zuerst grüße., **c** falls du schweres Gepäck hast., **d** falls du ihn noch einmal siehst.

4 **b** Ich wäre sehr froh, wenn das Gespräch mit ihr schon vorbei wäre., **c** Ich würde alles dafür geben, wenn ich den Fehler wieder gutmachen könnte.

5 **b** wäre ihm sicher viel mehr passiert., **c** hätte er sich bestimmt nicht so schnell erholt.

6 Falls Sie sofort Verstärkung brauchen, kann ich schon morgen anfangen. Falls Sie noch weitere Unterlagen von mir brauchen, geben Sie mir doch bitte Bescheid.

Seite 139 / Hauptsatz + Nebensatz: *indem, ohne dass/zu, (an)statt dass/zu*

1 2 **d**, 3 **a**, 4 **b**

2 **b** Man kann Strom sparen, indem man Energiesparlampen benutzt. **c** Man lebt gesünder, indem man täglich spazieren geht. **d** Am besten ist man informiert, indem man regelmäßig Tageszeitungen liest.

3 1 ohne dass einer es bemerkt., 2 ohne Geräusche zu machen., 3 ohne dass man später Spuren findet., 4 ohne sein Gesicht zu erkennen.

4 **b** Wir gehen am Wochenende früh aus dem Haus, statt lange im Bett zu bleiben., **c** Wir fahren oft mit dem Fahrrad, statt das Auto zu nehmen., **d** Wir können dünne Jacken anziehen, statt in dicken Wintermänteln rauszugehen.

Seite 141 / Zweiteilige Konjunktionen

1 **b** oder für alle ein großes Fest organisieren., **c** als auch menschlich ein Vorbild sein., **d** sondern auch die einzelnen Mitarbeiter im Blick haben., **e** noch andere benachteiligen., **f** desto motivierter sind sie.

2 **a** sowohl ... als auch – weder ... noch, **b** Je ... desto, **c** zwar ... aber, **d** entweder ... oder, **e** nicht nur ... sondern auch – zwar ... aber

3 **b** zwar ... aber, **c** sowohl ... als auch, **d** Je .. desto, **e** entweder ... oder

Seite 143 / Relativsatz

1 **a** Wir suchen einen Mitarbeiter, der einen Führerschein hat, dem Freundlichkeit sehr wichtig ist, den wir bei Erfolg sehr gut bezahlen., **b** Wir suchen eine Stylistin, die kreativ ist, der selbstständiges Arbeiten gefällt, die wir auf die neue Arbeit gut vorbereiten., **c** Für unser Sommerfest suchen wir ein großes Zelt, das Platz für 150 Leute hat, das man schnell aufbauen kann, dem auch starker Regen nichts ausmacht., **d** Für unseren Kindergarten suchen wir zwei Erzieherinnen, die geduldig und erfahren sind, die wir vor allem in der Gruppe der Vorschulkinder einsetzen, denen wir einen sicheren Arbeitsplatz bieten.

2 **b** der Heimservice Kornbrot liefert Lebensmittel, die Sie bequem im Internet bestellen können., **c** Der neue Atlantis Coupé ist ein Auto, dessen Sparsamkeit auch den letzten Zweifler überzeugt., **d** Roberta Löhr ist eine Politikerin, der Sie wirklich vertrauen können.

3 **b** von dem, **c** wo, **d** durch die, **e** in dem, **f** was

Kapitel 11: Wortbildung

Seite 145 / Nomen

1 **b** der Apfelkuchen, **c** das Schokoladeneis, **d** der Tomatensalat, **e** die Kartoffelsuppe, **f** der Milchkaffee

2 **b** Altstadt, **c** Hochhaus, **d** Kleinstadt, **e** Kurzurlaub

3 **a** *Vor*speise, **b** *Neben*tisch, **c** *Unter*tasse, **d** *Nach*speise

4 **b** der Maler, **c** der Physiker, **d** die Fahrerin, **e** die Tänzerin, **f** die Sportlerin

5 Reise – Vergangenheit – Freundlichkeit – Empfangschefin – Bitte – Brötchen – Erholung – Übernachtung – Ermäßigung – Frühbucher

Seite 147 / Adjektive

1 unverheiratet – unglücklich – uninteressant – unsympathisch – unpünktlich – unwichtig – unklar

2 **b** wolkenloser, **c** bergige, **d** schattiger, **e** sorgenloses

3 **b** ohne Arbeit, **c** mit viel Wind, **d** schmeckt nach Salz, **e** aus Österreich, **f** so, wie es gerade Mode ist, **g** ohne Schlaf

4 **b** Sie sind unbezahlbar., **c** Er ist nicht mehr lesbar., **d** Es ist nicht mehr lieferbar., **e** ... und auch dieses Problem ist lösbar.

5 blitzschnell – bildschönen – sonnengelben – feuerroten – zitronengelbe – glasklar – steinharten